Ursula Mayer

Raus aus der Co-Abhängigkeit - rein ins Leben

Ursula Mayer

Raus aus der Co-Abhängigkeit - rein ins Leben

Ein Prozess für Angehörige, die Sucht zu entmachten

Trainerverlag

Imprint

Any brand names and product names mentioned in this book are subject to trademark, brand or patent protection and are trademarks or registered trademarks of their respective holders. The use of brand names, product names, common names, trade names, product descriptions etc. even without a particular marking in this work is in no way to be construed to mean that such names may be regarded as unrestricted in respect of trademark and brand protection legislation and could thus be used by anyone.

Cover image: www.ingimage.com

Publisher:
Der Trainerverlag
is a trademark of
International Book Market Service Ltd., member of OmniScriptum Publishing Group
17 Meldrum Street, Beau Bassin 71504, Mauritius

Printed at: see last page
ISBN: 978-620-2-49479-3

Ein möglicher Leitfaden für Angehörige von Suchtkranken - aus dem Schatten der Sucht zu treten

Ursula Mayer

Raus aus der Co-Abhängigkeit – rein ins Leben

Ein Prozess für Angehörige, die Sucht zu entmachten

Einleitung

Dieses Buch ist den Angehörigen von Suchtkranken gewidmet, um viele ihrer Fragen, die immer wieder aufkommen, während ihre Lieben von der Abhängigkeitserkrankung betroffen sind, beantworten zu können. Meine Erfahrungen als Angehörige selbst und als Suchtberaterin möchte ich in diesem Buch festhalten.

In der Öffentlichkeit ist der Fokus überwiegend auf Menschen gelegt, die eine Abhängigkeit entwickelt haben. Angehörige fallen bisher völlig unters Radar, weil sie nicht auffallen. Sie verhalten sich still und zurückhaltend. Das, was sie erleiden, können sie nur mit sich ausmachen, da keiner, der mit einer Abhängigkeitserkrankung je in Berührung gekommen ist, nicht mal ansatzweise versteht, wie schwer sie tragen, wie hilflos sie sich vorkommen.

Mit diesem Buch möchte ich dem nahen Umfeld der Suchtkranken, den Angehörigen, Kraft und Zuversicht schenken, indem sie sich in meinen Erfahrungen, persönlich und in meiner Arbeit mit Angehörigen, wieder erkennen und Impulse umgesetzt werden können. Die tiefsitzende Schuld, die sie sich oft geben für das Suchtverhalten der Suchtkranken und die Scham könnte somit teils, vielleicht sogar ganz abfallen. Diese Schuld und Scham, die so mächtig sind! Ich zeige Optionen auf, die sie in ihr ehemals selbstbestimmtes Sein wieder zurück führen können.

Auch meine Erfahrungen mit den Suchtkranken gebe ich Raum, so dass diese Krankheit, die so mächtig wirkt, einen anderen Rahmen erhalten kann. Alles was angeschaut, somit betrachtet wird, kann sich verändern, so auch das bisherige Bild der Abhängigkeitserkrankung und auch das schuld- und schambesetzte Verhalten. Diese Macht ist also veränderbar. Wenn man die Suchtkrankheit nur abstempelt und somit nicht ansehen, begreifen will, bleibt die Macht, die sie ausübt, bestehen. Gesunde Menschen können sich gar nicht vorstellen, was diese Suchtkrankheit mit ihren betroffenen Lieben m(M)acht. Doch auch die Angehörigen haben Macht, nämlich zum einen, besser damit umzugehen, zum anderen, Ihre Lieben, die abhängig wurden, erkennen zu lassen, dass sie sich Hilfe suchen müssen, um wieder gesund zu werden, um das ehemalige gesunde Verhalten wieder zu erlangen. Einige wenige schaffen es auch alleine, ohne professionelle Hilfe, doch dazu später im Buch.

Ich möchte noch erwähnen, dass sich manche Aussagen wiederholen. Dies ist den einzelnen Kapiteln geschuldet. Des Weiteren beziehe ich mich ausschließlich auf das Land indem ich meine Erfahrungen gemacht habe und indem ich aufgewachsen bin, auf Deutschland.

1 Co-Abhängigkeit

Co-Abhängigkeit tritt im Zusammenhang mit einer Abhängigkeitserkrankung auf. Betroffen sind die Angehörigen eines Suchtkranken, die ständig versucht sind, deren Sucht und die daraus resultierende Verhaltensänderung zu decken. Sie unterstützen die Suchtkranken, indem sie für sie Aufgaben übernehmen, die sie meist aufgrund des Suchtverhaltens und den Auswirkungen nicht ausführen können. Co-Abhängige melden Suchtkranke beim Arbeitgeber krank, entschuldigen sie bei Einladungen, lügen für sie, reden die Krankheit klein und sind ständig darauf bedacht, den Schein, dass alles in Ordnung ist, aufrechtzuerhalten. Gleichzeitig versuchen sie die Suchtkranken zu bekehren und führen Diskussionen mit ihnen in einer Endlosschleife. Die Co-Abhängigkeit ist ebenso erschwerend für die Angehörigen, wie die Abhängigkeitserkrankung für die Suchtkranken. Beide setzen den Fokus auf das Suchtmittel - die Abhängigen auf die Substanzen, bzw. auf das Spielen usw., die Angehörigen auf die Abhängigen. Und stets muss der Schein nach außen hin aufrechterhalten werden.

Während des Konsums entsteht eine Flucht vor der Realität. Die Co-Abhängigen erleben jedoch die aus dem Suchtverhalten entstandene Veränderung ihrer Lieben bei vollem Bewusstsein und kümmern sich auch noch um die eigenen Verpflichtungen und Verantwortungsbereiche. Mütter/Väter, die eine Co-Abhängigkeit entwickelt haben, erziehen ihre Kinder in den meisten Fällen ebenso zu einer Co-Abhängigkeit - wenn auch unbewusst – um das Familiensystem im Außen zu bewahren.

2 Angehörige in der Öffentlichkeit

Beim Thema Abhängigkeitserkrankung denken die meisten an Suchtkranke. Bilder von Junkies, Alkoholiker und Suchtmittel flammen auf - Bilder aus dem Fernsehen, aus den Zeitungen, aus dem Radio, evtl. auch Bilder, die Bekannte aus Erzählungen so ausdrücklich geschildert haben. Diese Eindrücke sind ins Bewusstsein der Bevölkerung eingedrungen, da immer wieder von Sucht, Süchtigen und den Auswirkungen auf die Suchtkranken erzählt, gelesen und berichtet wird. Das hat natürlich auch seine volle Berechtigung. Nur gehören zur Abhängigkeitserkrankung ebenso das Leid der Angehörigen, dem Umfeld, welche leider keine Bilder im Bewusstsein der Gesellschaft, die mit Sucht noch nicht in Berührung gekommen sind, hinterlassen konnten, da Angehörige sich nur selten mitteilen. Wenn sie sich jemanden anvertrauen, dann oft nur unter dem Deckmantel der Anonymität. Somit entstehen lediglich bei Angehörigen auch Bilder von Leid beim Thema Abhängigkeitserkrankungen.

Stünden auch Angehörige im Fokus, fiele es ihnen leichter, über ihr Leid zu sprechen und Bekannte, Kollegen, selbst Freunde würden zuhören können. Nur wenige halten diesen Problemen stand. Viele wenden sich entweder ab, reden es klein oder sprechen schnell über etwas anderes. Ist auch verständlich, da sie sich in dieses Gefühl, das nur Angehörige spüren, nicht versetzen können, es ihnen fremd ist. Paradox ist, dass Angehörige über ihr Leid sprechen möchten, sich aber nicht trauen, weil man sie missversteht oder ihnen nicht zugehört wird. Die Suchtkranken hingegen möchten nicht über ihr Leid sprechen – auch sie leiden durch die Abhängigkeit - werden jedoch oft von ihrer Umwelt auf ihr Suchtverhalten angesprochen.

Angehörige sind diejenigen, die dem Suchtkranken nahe stehen und mit dieser Krankheit umgehen müssen, welches eine unvorstellbare Herausforderung darstellt. Diese Herausforderung wird nirgends, bzw. nur selten am Rande erwähnt und dringt somit nicht ins Bewusstsein der Öffentlichkeit. Jedes Angehörigen-Leid ähnelt sich, meinen persönlichen und beruflichen Erfahrungen nach. Je emotionaler die Rolle des Angehörigen, wie z. B. die Mutter-Rolle zum abhängigen Kind, ob erwachsen oder minderjährig, desto größer sind die Sorgen. Und keiner spricht über diese Sorgen, schon auch deshalb nicht, weil bei Eltern immer eine Mitschuld an der Abhängigkeitserkrankung ihres Kindes mitschwingt. Nur wenige trauen sich, eine Beratungsstelle aufzusuchen oder Hilfen, die im Internet zu finden sind, anzunehmen, oft nur unter dem Deckmantel der Anonymität. Suchtberatungsstellen bieten meist ebenso Gespräche für Angehörige an. Doch nicht jeder traut sich zu einer öffentlichen Suchtberatungsstelle zu gehen. Schon aus Angst, von den Beratern einen Stempel aufgesetzt zu bekommen, Schuld zugewiesen zu bekommen, beschämt wieder zu gehen und mit dem Gedanken „wer soll denn wirklich helfen können, was können die mir sagen, das all meine Probleme löst".

Eine Anruferin sagte mir mal, dass sie eine öffentliche Suchtberatungsstelle gar nicht aufsuchen könne, da sie in der Öffentlichkeit steht. Wenn sie in einer Suchtberatungsstelle gesehen werden würde, könnte dies ihre Karriere und ihr Ansehen gefährden.

Zudem geben Suchtberatungsstellen meist nur ein Beratungsgespräch, welches umsonst, bzw. zum Teil nur geringfügig kostet. Eine Begleitung, somit mehrere Gespräche, werden sehr selten angeboten. Im Erstgespräch wird ein sogenannter Leitfaden den Angehörigen an die Hand gegeben, wie sie sich am besten verhalten können, den Abhängigen gegenüber. Die Emotionen werden oft nicht ausreichend beachtet, da sich das Gespräch sonst zu sehr in die Länge ziehen würde und die Zeit dafür fehlt, da die nächsten Klienten bereits warten. Weitere Gespräche, die den Angehörigen entlasten könnten, sind selten vorgesehen, da im Erstgespräch alle Informationen gegeben werden. Dieses eine Gespräch ist natürlich hilfreich, doch oft auch verstörend, da davon gesprochen wird, dass sie aus der Co-Abhängigkeit treten und wieder selbstbestimmt leben sollen. Wie dies von heute auf morgen gehen soll, wird nicht ausreichend erläutert. Dass dies ein Prozess ist, wird oft mitgeteilt, jedoch für Angehörige im ersten Gespräch schwer nachvollziehbar. Der Weg zur Beratungsstelle kann sich wie ein Hintergehen der Suchtkranken anfühlen, da Eigeninitiative durch das Beratungsgespräch gezeigt wird und sich für die Suchtkranken dann etwas ändern könnte. Auch die Verschwiegenheit über die Sucht wird aufgehoben. Die Suchtkranken werden geoutet, eigentlich ja die ganze Familie. Der Gang zur Beratungsstelle, aber auch ein Anruf, selbst wenn er anonym bleiben kann, ist für viele schwer und fühlt sich wie Verrat an. Viele haben mir dies mitgeteilt und sie haben mich in meinen eigenen Erfahrungen nur bestätigt. Dass es richtig ist, sich mitzuteilen und den ersten Schritt in diese Richtung zu gehen, wird vielen erst bewusst, wenn ein Prozess bereits ins Rollen gekommen ist. Ein Prozess, der

Wochen, Monate, oft Jahre dauert, wieder zu sich zu finden und die Abhängigen nicht mehr zu bemuttern, sondern wie Erwachsene zu behandeln, so dass sie sich ihrer Verantwortung wieder stellen können. Auch Minderjährigen, die ein Missbrauchsverhalten oder eine Abhängigkeit entwickelt haben, sollte respektvoll begegnet werden, so dass sie sich ernst genommen fühlen können.

Dass es auch Selbsthilfegruppen für Angehörige gibt, ist oft wenig bekannt. Hingegen ist der Begriff „Anonyme Alkoholiker" geläufig. Doch es gibt auch Selbsthilfegruppen für Angehörige, die sogenannten Al-Anon-Gruppen, für Einzelne, für Familien und für erwachsene Kinder aus Suchtfamilien. Für Kinder und Jugendlichen aus Suchtfamilien gibt es die Alateen-Gruppen. In den Selbsthilfegruppen finden sich mehrere Betroffene zusammen, die das gleiche Schicksal teilen und ein Austausch stattfindet. Es wird ein Gefühl vermittelt, nicht mehr alleine mit den Sorgen zu sein. Durch den Austausch werden Impulse gegeben, die oft hilfreich sind. Nicht jeder findet sich in einer Selbsthilfegruppe wieder, da gemeinsames Leid auch oft verstärkt werden kann, wenn keine Abgrenzung zum Leid anderer möglich ist.

Des Weiteren werden Angehörigen-Gruppen angeboten, die sich meist auf fünf oder sechs Abende beschränken. Hier werden Strategien erarbeitet, mit der Situation am besten umzugehen und es hilft natürlich auch, wenn die Gruppe ähnliches erlebt hat und Profis, meist Therapeuten, sie empathisch anleitet. Doch was ist danach? Reichen sechs Abende aus um mit der nächsten sich anbahnenden Schreckenssituation umgehen zu können? Es ist auf jeden Fall eine gute Unterstützung, die stärkt und Hilfen an die Hand gibt, mit der Suchtsituation besser umgehen zu können.

Ich habe mir oft vorgestellt, dass, wenn es eine namentlich benannte Anlaufstelle für Angehörige gäbe - zumindest ist mir keine bekannt - dessen Name ebenso geläufig wäre wie die Anlaufstelle für Suchtkranke, nämlich die sogenannte Suchtberatungsstelle, wären die Angehörigen nicht mehr so hilflos und müssten nicht mehr suchen, wer ihnen helfen könnte. Es wäre völlig selbstverständlich, dass bei Anzeichen einer Sucht, der Angehörige zu seiner für ihn vorgesehenen Beratungsstelle ginge. Dass Suchtberatungsstellen auch für Angehörige Gespräche anbieten, wissen die wenigsten, da Sucht nicht mit Angehörigen in Verbindung gebracht wird. Wie wäre es, wenn die

Ängste der Angehörigen von Suchtkranken in der Gesellschaft gegenwärtig wären? Somit, wenn ihre Angehörigen gegenwärtig wären? Sie müssten sich nicht mehr verstecken und könnten sich mitteilen und sich dadurch entlasten. Dadurch würden auch Schuld- und Schamgefühle abgebaut werden. Das Gefühl, den Suchtkranken zu outen, kann ebenso abnehmen. Selbstheilungskräfte könnten wieder aktiviert werden und Co-Abhängigkeit im Keim erstickt werden.

Hätte es in meiner Kindheit eine mögliche „Suchtkranken-Angehörigen-Beratungsstelle“, ich nenne sie mal so, gegeben, wer weiß, ob meine Mutter sie in Anspruch genommen hätte. Wenn, dann wäre mein ganzes Leben anders verlaufen. Wenn man sich Hilfe holt, ist dies ein Ausdruck von Stärke, Mut und Macht. Es zeigt einem selbst und anderen, dass man Grenzen setzen kann. In einer verschwiegenen und somit verschworenen Familiengemeinschaft, in der Abhängigkeit und Co-Abhängigkeit die Oberhand gewonnen hat, können Stärke, Mut und Macht nicht nach außen dringen, selbst wenn man, so wie ich, diese inneren Ressourcen spürt und sie am liebsten eingesetzt hätte. Dazu hätte ich jedoch eine Bezugsperson benötigt, die mich unterstützt hätte, sie zu aktivieren.

Kinder aus Suchtfamilien bleiben lange in diesem System gefangen, auch wenn sie eine eigene Familie gegründet haben oder weiter weg gezogen sind. Es ist wie eine Stempel, der aufgedrückt wird und die Farbe bestehen bleibt.

3 Persönliche Erfahrungen

Kindheitserfahrungen und die Erfahrungen als erwachsenen Kind:
Wie eben schon erwähnt, hätte ich eine Bezugsperson, möglichst den gesunden Elternteil, gebraucht, um meine inneren Ressourcen einsetzen zu können. Ich gebe meiner Mutter heute keine Schuld mehr, dass ihr Fokus auf den Suchtkranken, ihren Mann, meinen Vater, lag. Ihre Ängste, vielleicht auch Schuldgefühle (?) und dieses andauernde Schämen hat sie zu sehr in Bann gehalten. Sie kümmerte sich ja schon um alles was notwendig war, zu erledigen. Wie wenn sie mit drei Kindern alleinerziehend gewesen wäre, mit einem

erwachsenen Kind (meinen Vater), mich und meinen Bruder. Sie war der Finanzmanager, sie kümmerte sich um den kompletten Haushalt, hielt das Familiensystem aufrecht und schaffte es trotzdem noch, den Fokus auf ihren alkohol- und tablettenabhängigen Mann zu legen. Mit ihrer Co-Abhängigkeit versuchte sie ihn auch zu kontrollieren, oder besser, das ganze Familiensystem unter Kontrolle zu halten. Um meine Mutter nicht noch mehr zu belasten, blieb ich eher unauffällig um ihr bloß nicht zur Last zu fallen. Doch Kinder haben Bedürfnisse, können sich z. B. nicht an anderen Schulen selbst anmelden, sind auf die Hilfe der Eltern angewiesen. Meine Mutter war darauf fokussiert, die Umstände, die die Alkoholsucht mit der Familie machte, zu kontrollieren, dass ihr Mann, mein Vater, nicht austickt, da er sehr gewalttätig im betrunkenen Zustand und sich auch aggressiv im nüchternen Zustand verhielt. Die Angst war ihr ständiger Begleiter. Nichts von dem, was sich bei uns abspielte, durfte nach außen dringen. Dies wurde mir eingeimpft. Ruhig sein, still verhalten, unauffällig bleiben, niemanden nach Hause mitbringen, nicht von zu Hause sprechen, somit in Deckung bleiben.

Mein Vater war Alkoholiker und tablettenabhängig und völlig egoistisch. Dieser Egoismus haftet nahezu jedem Abhängigen an. Abhängige konzentrieren sich nur auf das Suchtmittel und den Konsum und wann sie sich wieder aus der Realität beamen können. Aufgrund meines erworbenen Wissens ist mir sein Verhalten heute völlig klar. Als Abhängiger war er überwiegend auf seinen Konsum fokussiert, Alkohol und Tabletten. Das Familiensystem funktionierte ja, dank meiner Mutter. Er war immerhin darauf bedacht, seinen Job nicht zu verlieren, so dass er die Familie ernähren konnte und der Schein nach außen gewahrt bleiben konnte. Daher trank er nur, wenn er am nächsten Tag nicht arbeiten musste. Jeder Rausch war ein Vollrausch. Er trank so viel, bis er tatsächlich von Sinnen war, so dass er am nächsten Tag nichts mehr davon wusste und diesen nächsten Tag zur Erholung brauchte. Zur Zeit des Vollrausches war er aggressiv, gewalttätig, oft ging irgendwas zu Bruch. Seine Stimme war nicht mehr ihm zuzuordnen, ebenso wenig sein Ausdruck. Er stank und hatte in meinen Kinderaugen wenig menschliches mehr an sich. Das soll mein Vater sein? Eher ein Wesen, das völlig unkontrolliert meine Mutter anschrie, sie verletzte, sie demütigte und Namen gebrauchte, die mir als Kind völlig fremd waren und die ich nirgends, weder aus der Schule oder aus anderen Familien, oder aus dem Fernsehen zuordnen konnte. Ein Vater verletzt doch die Mutter nicht und führt sich nicht so auf. Dieses Wüten, wenn er heimkam aus dem Wirtshaus, dauerte meist drei Stunden und endete dann irgendwann, wenn er ins Bett ging. Meine Mutter saß dann völlig hilflos und beschämt am Stuhl und weinte vor sich hin. Ich stand während dieser Stunden meist in der Nähe und blieb auch, obwohl mich meine Mutter ins Zimmer schicken wollte. Ich blieb, um einschreiten zu können, falls seine Aggressionen aus dem Ruder laufen würden. Ich wollte sie schützen, so gut ich konnte. Gegen mich wurde er nämlich nie aggressiv. Er hat mich aber auch nicht wahrgenommen.

Dass er alkoholkrank war, war zumindest mir nicht bewusst. Für mich war er ein Alkoholiker, der die Familie beherrschte, der mir meine Mutter wegnahm, da sie sich keine Zeit für mich nehmen konnte. Durch ihn musste ich mich still verhalten, musste mehr oder weniger unsichtbar sein. Ich entwickelte das Gefühl, nicht zu leben. Andere Kinder verhielten sich lebendig, lachten, wurden in den Arm genommen, wurden gesehen, durften sich mitteilen, wurden an weiterführenden Schulen angemeldet, wurden bei Schulproblemen unterstützt, waren unbeschwert, redeten einfach drauf los, durften Freunde mit nach Hause bringen, wurden zu Hause begrüßt und verabschiedet usw. Bei mir verhielt sich das leider alles anders. Ich zog auch Vorteile daraus, nicht gesehen zu werden. Ich konnte größtenteils machen, was ich wollte, solange ich unauffällig blieb. Ich konnte als Kind morgens aus der Wohnung gehen und abends erst wieder heimkommen. Keiner hat mich vermisst. Ich frage mich heute oft, ob ich vermisst worden wäre, wenn ich gar nicht mehr heimgekommen wäre.

Mein Vater hat es immerhin fertig gebracht, seinen Job nicht zu verlieren, so dass die Familie ernährt werden konnte und wir nach außen unauffällig erschienen. Hätte er den Job verloren, wie so viele Alkoholiker, wir wären in den sozialen Abstieg geraten, wir hätten von staatlichen Mitteln leben müssen. Dies würde im Umfeld schnell die Runde gemacht haben und unser Ansehen hätte schnell abgenommen. Dadurch, dass mein Vater sich in der Arbeit kontrollieren konnte, somit tags davor keinen Alkohol angerührt hat, behielt er seine Arbeit und ich konnte nach außen hin ein unauffälliges Kind aus einem normalen Elternhaus sein. Meine Mutter, höchst co-abhängig, schien nach außen die beste und liebste Mutter, um die mich meine Freundinnen beneideten, eben weil sie so herzlich war. Sie schaffte den Spagat, sich um alles zu kümmern was notwendig war, nach außen freundlich und warmherzig zu erscheinen, in der Arbeit - sie war teilzeitbeschäftigt - ihr Soll zu erfüllen. Mehr noch, sie war im sozialen Umfeld beliebt.

Die Co-Abhängigkeit zeigte sich bei meiner Mutter, indem sie die Alkoholkrankheit nicht nur verschwieg, sondern auch, wie eben schon beschrieben, nach außen unauffällig und doch beliebt erschien. Sie machte alles, um meinen Vater nicht aufzuregen, obwohl er sehr schnell ausflippen konnte. Sie legte seine Kleidung morgens auf einen Stuhl, in der Hoffnung, es war die richtige. Sie kaufte überwiegend Essen ein, das ihm schmeckte und sie kochte extra für ihn sowie zusätzlich noch eine zweite Mahlzeit, in der Hoffnung eines ist dabei, auf das er gerade Lust hatte. Der Kühlschrank war immer voll mit Essen – überwiegend sein Essen. Am Samstag wurde meistens das gleiche gekocht – das war lange Zeit Schaschlik. Da konnte sich meine Mutter sicher sein, dass ihm das schmeckte und er nicht ausflippt. Samstag war Großsauftag und Sonntag ein Tag der Stille und Beklemmung, aufgrund seiner Ausschreitungen vom Vortag. Sonntag, bzw. am Tag danach, wenn er nicht arbeiten musste, war die Stimmung sehr gedrückt. Meine Mutter war beleidigt, aufgrund der Ausschreitungen vom Vortag und weil sich mein Vater an nichts mehr erinnern konnte. Jeder einzelner Sonntag diese gedrückte Stimmung! Und jeder einzelne Samstag diese Ausschreitungen! Weihnachten, Ostern, somit an Feiertagen, hat er noch mehr gesoffen.

In der Beratung mit Angehörigen frage ich oft nach, ob Kinder im Umfeld des Suchtkranken involviert sind. Als Antwort kommt nicht selten, dass man sich da nicht sorgen müsste, da die Kinder nichts mitbekommen. Jedoch sind Kinder sehr feinfühlig und auch wenn sie bei eventuellen Ausschreitungen nicht zugegen sind, so merken sie doch am Verhalten der Familienangehörigen, dass irgendwas nicht stimmt. Dieses „irgendwas" schieben sie nicht selten auf sich. Sie fühlen sich oft schuldig, weil in der Familie viel geweint wird, oder gestritten wird, oder einfach irgendwas los ist, das sie nicht zuordnen können. Das verwirrt. Diese Verwirrung tragen sie nach außen und können mit dem „irgendwas geht da vor sich" nicht umgehen. Wenn dieser Zustand über einen langen Zeitraum anhält, kann es vorkommen, dass ihre Entwicklung gehemmt wird, Konzentrationsschwächen sich bemerkbar machen. Viele kränkeln, wenn sie mit Konflikten nicht umgehen können, die über einen langen Zeitraum bestehen. Dieses Nichtverarbeiten von Konflikten, wenn die Psyche Konflikte nicht verarbeiten kann, drücken sich diese oft über den Körper aus. Dadurch können Kinder auch wieder Aufmerksamkeit auf sich ziehen und von der Familie bemerkt werden. Dies ist ein unbewusster Prozess.

Suchtverhalten in der Familie prägen Kinder, ob sie damit aufgewachsen sind oder ob sie irgendwann später damit konfrontiert werden. Mich hat es bis zur Ausbildung zum Suchtkrankenhelfer/Suchtberaterin begleitet, ein halbes Jahrhundert lang. Heute weiß ich, dieses Bewusstsein, ein Niemand sein zu müssen, ist aus der Co-Abhängigkeit entstanden, die mir sozusagen in die Wiege gelegt wurde, als Kind eines Süchtigen und einer Co-Abhängigen. Von meinem Verstand her war mir klar, dass ich ein guter Mensch bin und von der Umwelt anerkannt bin. Doch so ein Glaubenssatz „ich bin ein Niemand", wenn der als Kind eingeprägt wurde, verschwindet nicht so einfach aus der Psyche.

In einer jahrelangen analytischen Psychotherapie konnte ich mit meinem Therapeuten zusammen alles verarbeiten. Mir ist heute bewusst, dass meine Biographie ein Teil von mir ist. Ich kann nicht verzeihen, jedoch annehmen, was war. Ich machte auch gute Erfahrungen, hatte viel Glück und wurde von vielen guten und lieben Menschen durchs Leben begleitet. Die Psychotherapie verhalf mir, meine Stärken, die sogenannten inneren Ressourcen, zu entdecken, die mich einen neuen Weg einschlagen ließen, nämlich den Weg als Heilpraktikerin für Psychotherapie und Suchtberaterin für Angehörige von Suchtkranken.

Nicht alle Kinder, die in eine Suchtfamilie geboren, bzw. zu Co-Abhängigen werden, ziehen sich zurück, so wie ich es getan habe. Sie können z. B. rebellisch, aggressiv, verhaltensauffällig werden. Kinder, die eine Bezugsperson außerhalb der Suchtfamilie haben, z. B. Großeltern, Tanten oder Onkeln, haben gute Chancen, mit normalem Verhalten erwachsen zu werden, nämlich wenn sie ermutigt werden, sich mitzuteilen und sie aufgefangen werden.

Wenn ich als Jugendliche oder als junge Frau schon die Erkenntnisse von heute gehabt hätte, wäre mein Lebensweg in eine andere Richtung gegangen. Mit einem gesunden, anstatt co-abhängigen Bewusstsein hätte ich den Fokus auf mein Vorankommen gelegt, meine Stärken ausprobiert, studiert und ich wäre wahrscheinlich ins Ausland gegangen.

Im Erwachsenenalter war mir daran gelegen, dass mich meine Familie nicht mehr bremst und ich aus dieser Kleinstadt rauskam, in der ich aufgewachsen war, in der jeder jeden kannte und mir alles zu eng wurde. Auch wenn dies bedeutet hätte, allein auf mich gestellt sein zu müssen. Und so ist es auch gekommen. Mein damaliger Freund ging für eine Weile nach München und ich nahm die Chance wahr auszuziehen, um mit ihm in München zu leben. Ich packte ein paar Tüten mit Kleidung und zog von einem Moment auf den anderen aus, ohne dies mit meiner Familie besprochen zu haben, ohne gezielte Planung. Sogar mein Freund war nicht wirklich einverstanden, als ich ankam. Mein Plan war ohnehin seit vielen Jahren, auszuziehen, sobald sich eine Möglichkeit ergibt und diese sofort zu nutzen. Meiner Mutter sagte ich nur, dass ich jetzt ausziehe, wobei ich gar nicht wirklich registrierte, was sie antwortete. War mir auch egal. In dieser Familie hatte ich keinen Platz. Die Sucht in dieser Familie nahm mir meinen Platz.

Die Beziehung zu meinem Freund nahm in München nach kurzer Zeit meines Eintreffens ein Ende und somit musste ich alleine in der Großstadt zurechtkommen. Meine Mutter schien sich zu sorgen und somit verhalf sie mir zu einem Appartement in München. München wurde zu meiner neuen Heimat.

Heute ist es mir ein Anliegen, andere Angehörige mit meinen Erfahrungen zu unterstützen – beratend und psychotherapeutisch. Diesen Berufsweg, bzw. Berufung, habe ich erst mit dem 50. Lebensjahr eingeschlagen - nach langen Jahren der Selbsterfahrung in der Psychoanalyse und nachdem meine Tochter ausgezogen war und ich die Chance sah, einen selbstbestimmten Weg zu gehen. Der Zeitpunkt hierfür war richtig, vorher sah ich keine Möglichkeit, eine Veränderung anzustreben.

In der Heilpraktiker für Psychotherapie - Ausbildung, war die Abhängigkeitserkrankung ein Teil des Lehrstoffs. Hier wurde mir beigebracht, bzw. musste ich einsehen, dass Abhängigkeit eine Krankheit ist. Es hat lange gedauert, zu realisieren, dass das verwirrende Verhalten meines Vaters, ausgelöst durch den Alkohol, einer Krankheit zugrunde liegen sollen. Mein Vater war also gar nicht verrückt, sondern nur krank. Also hat sich meine Mutter mehr um meinen Vater kümmern müssen, weil er krank war. Diese Erkenntnis erschien mir zu einfach. Das konnte doch nicht die richtige Erklärung sein. Ich haderte damit bis zum Zeitpunkt, als meine Ausbildung zur Suchtkrankenhelferin und

Suchtberaterin begann, die drei Jahre dauerte. Die Erfahrungen in den Beratungen, die Supervisionen und die Fortbildungen zeigten mir auf, wie diese Krankheit definiert war. Auch rückte die Arbeit mit den Abhängigen und den Angehörigen sowie meine ehemalige Sichtweise plötzlich in ein anderes Licht.

Ich wusste bis zu diesem Zeitpunkt nicht, dass Suchtberatungsstellen auch Anlaufstellen für Angehörige sind, dass Angehörige sich somit auch beraten lassen können. In meiner Sichtweise waren alle Angehörige hilflos und lebten anonym. Ich lebte mit einem Geheimnis und vertraute mich niemanden an nicht mal meinem Ehemann. Bis zu dem Zeitpunkt, als ich aufgrund eines Burnouts Psychotherapie in Anspruch nehmen musste, habe ich mit niemanden darüber geredet, wie ich aufgewachsen bin und welche Erfahrungen daraus entstanden sind. Der Stempel, der mir aufgedrückt wurde ist heute verblasst.

Ich muss zugeben, dass die Macht, die eine Abhängigkeitserkrankung ausübt, mich zwar nicht mehr hilflos macht, sie jedoch immer noch eine Wirkung ausübt. Heute kann ich sie anschauen, mich abgrenzen und mein Handeln nicht mehr von ihr beeinflussen lassen. Es hilft, die Krankheit nun besser zu begreifen, obwohl ich selbst nie abhängig war. Es hilft mir auch, zu wissen, dass ich konsequent bleiben kann, Grenzen aufzeigen und mich selbst abgrenzen kann, meine innere Stärke, die immer da war, heute zu leben, Mut zu leben, mächtig sein zu können, Tabus anzusprechen und anzuschauen, so dass Tabus sich verändern können und keine mehr bleiben müssen.

Ich lebe nach dem Gesetz der Resonanz, das besagt, dass die eigenen Gefühle, Emotionen und Gedanken wie ein Sender nach außen getragen werden und in einer noch größeren Intensität zu mir zurückkommen. Wenn sich also meine Gedanken um Sucht drehen, dann kommen Situationen und Menschen auf mich zu, die mit Sucht zu tun haben. Ebenso, wenn ich an das Gute im Menschen glaube, so kommen auch gute Situationen und gute Menschen in mein Umfeld. So passiert mir das tatsächlich von Jugend an. Süchtige begleiten mich bis heute sowie eine große Portion Glück. Es gab auch Phasen, in denen ich gehadert habe mit dem Leben. Das hatte zur Folge, dass auch schwierige Zeiten lange anhielten, bis ich mich wieder auf das Gute, das ich in mir trage und an das ich unerschüttert glaube, erinnerte und dann die Zeiten – wie durch ein Wunder – auch wieder positiv erschienen.

Dass die Arbeit mit den Angehörigen heute zu meinem Beruf, bzw. meiner Berufung wurde, ist wohl meiner Biographie geschuldet. Mit diesem Buch möchte ich den Angehörigen wissen lassen, dass sie sehr wohl ebenso mächtig sind, dem Suchtverhalten des Betroffenen entgegenzuwirken. Ich werde auch nicht aufhören, weiterhin Artikel für die Zeitungen zu verfassen, um die Angehörigen ins Bewusstsein der Bevölkerung dringen zu lassen.

4 Berufliche Erfahrungen

In meinen Gesprächen mit den Angehörigen, welche sich alle ähnelten, stellte ich fest, dass überwiegend Menschen mit ausreichend finanziellen Mitteln und in höheren Positionen, sich gemeldet haben. Es war nicht ein einziger Angehöriger dabei, der vermuten ließ, dass er mittellos wäre, ohne Ausbildung, oder am Rande der Gesellschaft lebte – wenn ich das mal so ausdrücken darf als Feststellung. Vielleicht aus Angst einen Stempel aufgedrückt zu bekommen? Auch viele junge selbstbewusste Menschen waren darunter, die sich einfach trauten, jetzt mal die Sache in die eigene Hand zu nehmen. Die Rollen waren sehr unterschiedlich, so riefen doch überwiegend Mütter, hin und wieder Väter an, deren Kind Drogen oder/und Alkohol konsumierten. Hier war das Leid und die Hilflosigkeit natürlich am stärksten herauszuhören. Bei minderjährigen Kindern haben die Eltern mehr Möglichkeiten, einem Abrutschen in die Abhängigkeit entgegenzuwirken, bzw. sich einzumischen, schon aufgrund dessen, da Kinder in den meisten Fällen noch beeinflussbar sind. Bei erwachsenen Kindern ist es weitaus schwieriger. Bei betroffenen Minderjährigen haben die Eltern im Notfall (!) die Möglichkeit, zu entscheiden, ihr Kind in eine Klinik einzuweisen, auch gegen den Willen des Kindes. Bei Volljährigkeit können Menschen nicht gegen ihren Willen in eine Klinik eingewiesen werden, außer sie sind eine Gefahr für sich selbst und/oder andere. Minderjährige sind oft noch im Missbrauchsverhalten. Das bedeutet, sie konsumieren zwar bereits, die Kontrolle ist jedoch in den meisten Fällen noch gegeben um aufhören zu können. Sie sind dahingehend oft noch zu beeinflussen. Sind sie erst mal volljährig spiegelt sich dieses Bewusstsein der Volljährigkeit in ihrem Verhalten wieder. Sie meinen, da sie jetzt erwachsen sind, kann ihnen niemand mehr vorschreiben, was sie zu tun und zu lassen haben. Mit dieser Haltung treten sie auch gegenüber ihren Eltern auf.

Meine Vorgehensweise ist, die Hilfesuchenden erst mal ausreden lassen, auch wenn sie wütend, verzweifelt, weinerlich und laut zu Beginn unseres Gesprächs sind. Ich signalisiere ihnen, dass ich ihnen zuhöre und fasse zwischendurch zusammen, was von mir verstanden wurde. Durch die Pause, die ihnen durch meine Kurzzusammenfassung gegeben ist, kommen sie auch wieder zu sich, die Wut und die anfänglichen Emotionen können sich verändern und beruhigen. Eine erste Erleichterung stellt sich ein, wenn sie realisieren, dass sie endlich über ihr Problem sprechen können, ohne sich zurückhalten zu müssen, wie sonst bei Freunden oder Kollegen. Im ersten Gespräch, das nicht länger als max. 45 Minuten, eher 30 Minuten, dauern sollte, kann ich keine Lösungen aufzeigen, sondern nur das, was gerade ist, reflektieren und Impulse und Optionen aufweisen, wie sie sich in ihrer Situation am besten verhalten können, jedoch nicht verhalten müssen. Auch wenn Hilfesuchende eine möglichst sofortige Lösung sich erhoffen, die es aus meiner Erfahrung heraus nicht gibt, so kann ich sie durch mögliche Optionen, die sie annehmen und umsetzen können, erst mal befriedigen. Nicht länger als 45 Minuten deshalb, da das Gespräch sehr intim, intensiv und anstrengend ist. Eine halbe Stunde ist eher zu verkraften, doch fordern die Hilfesuchenden ein längeres Gespräch. Die Hoffnung, doch noch eine Lösung an die Hand zu bekommen, bleibt bestehen.

Erfahrungen aus den Erzählungen der Anrufer, bzw. persönliche Erzählungen, in den unterschiedlichsten Rollen:

Die Rolle der Eltern:

Wie schon erwähnt, ist die Rolle der Eltern am emotionalsten, da hier viel Hilflosigkeit, Wut, Leid und Überforderung mitschwingt. Auch Schuld, da viele Eltern sich erst einmal selbst die Schuld geben, irgendwas falsch gemacht zu haben, das so schwerwiegend gewesen sein musste, dass das Kind zu Drogen und zu Alkohol greifen musste. In den seltensten Fällen wurde Schuld dem Umfeld zugeschrieben. Eltern fühlen sich verpflichtet, sich mit dem Kind derart auseinanderzusetzen, dass es wieder vernünftig wird. Doch wenn die Grenze zur Abhängigkeit bereits überschritten ist, helfen Diskussionen und vermeintlich gute Ratschläge und Hoffnung zur Einsicht nicht. So verhält es sich übrigens auch, wenn die Grenze noch nicht überschritten ist. Hier kann professionelle Hilfe helfen. Nicht immer ist das Kind schon in eine Abhängigkeit gerutscht, manche sind noch am Anfang, somit in einem missbräuchlichen Konsum, wo Kontrolle noch gegeben ist und die Grenze zur Abhängigkeit vom Kind nicht zwingend überschritten werden muss. Die Differenzierung zu Abhängigkeit und Missbrauch habe ich im Kapitel 8, unter „Wissenswertes", erläutert.

Wenn die Kinder bereits erwachsen sind und noch im Haushalt leben, bekommen die Eltern natürlich mehr mit und die Versuchung, das Kind zur Einsicht zu bringen ist eine Endlosschleife. Wenn betroffene Kinder bereits ausgezogen sind, sind die Eltern natürlich nicht mehr umfänglich informiert. Sie kommen oft um vor Sorge, da sie mit dem Schlimmsten rechnen. Hier ist die Hilflosigkeit unbeschreiblich.

Wichtig zu erwähnen ist, dass wenn die Kinder erwachsen sind, können Eltern ihnen nicht mehr vorschreiben, sich in eine Klinik einweisen zu lassen, sie nicht dazu zwingen, Hilfen in Anspruch zu nehmen. Alles was erzwungen ist, hilft ohnehin nicht. Bei Minderjährigen jedoch noch eher, da sie noch beeinflussbarer sind. Eltern sollten erwachsene süchtige Kinder wie Erwachsene behandeln, auch wenn die Volljährigkeit noch nicht lange her ist, so schwer es auch fällt. Im Kapitel 5, „Der Prozess – Raus aus der Co-Abhängigkeit", erfahren Sie weiteres hierzu.

Wenn Kinder mit missbräuchlichem Verhalten, ob erwachsen oder minderjährig, noch im Haushalt leben, sollten Regeln aufgestellt, nicht diskutiert und Konsequenzen bei Nichteinhaltung umgesetzt werden. Ich spreche von Konsequenzen, die von den Eltern auch tatsächlich umgesetzt werden können, nicht nur angedroht werden. Bei der festen Überzeugung, Konsequenzen umsetzen zu können, schwingt ein fester Ton mit, den die Kinder erkennen lassen, dass es dann wirklich Konsequenzen setzt. Wichtig ist auch, in Erfahrung zu bringen, wem das Kind mit missbräuchlichem Verhalten nahe steht, wem es sich anvertrauen kann, ohne ständig diskutieren zu müssen. Eltern können sich mit dieser Vertrauensperson zusammensetzen ohne dieser Anweisungen zu geben oder zu diskutieren. Diese Vertrauensperson kann somit als Bindeglied fungieren um informiert zu bleiben. Wichtig ist, dass Eltern an ihren Kindern dranbleiben, nicht weghören, nicht die Kinder sich selbst überlassen, sondern im Hinterkopf behalten, sie haben eine Verantwortung, egal wie aufreibend dies ist. Um sich zu erleichtern sind Beratungsstellen da, ob

Suchtberatungsstellen, oder Familienhilfen beim Gesundheitsamt, bzw. Al-Anon-Selbsthilfegruppen. Erwachsene Kinder können nicht gegen ihren Willen zur Beratungsstelle zu gehen gezwungen oder gar in die Klinik eingewiesen werden. Minderjährige sind noch eher zu erreichen, die Eltern haben hier noch mehr Handlungsspielraum.

Oft werde ich gefragt, ob die Polizei eingeschaltet werden soll, wenn Kinder während des Rausches sich daneben benehmen, oder wenn Eltern bei ihren Kindern Drogen gefunden haben. Sie wollen sie durch Einschaltung der Polizei abschrecken, sie dazu bewegen, mit dem Konsum aufzuhören. Natürlich erschrecken sie sich auch durch das Einschalten der Polizei. Das Vertrauen in die Eltern kann jedoch durch diese Maßnahme erheblich erschüttert werden. Sollte noch Vertrauen vorhanden gewesen sein – bei Einschaltung der Polizei kann es gemindert, wenn nicht sogar teils zerstört werden. Die Polizei sollte nur im Notfall, wenn Leib und Leben bedroht sind, hinzugerufen werden. Wenn kein Notfall vorliegt, sondern die Polizei nur als Abschreckung dienen soll, ist dies meist ein Zeichen der Hilflosigkeit der Eltern. Was macht die Polizei dann vor Ort, wenn sie von Eltern gerufen wird, weil diese gerade mit dem verstörenden Verhalten ihrer Kinder überfordert sind? Sie geht wieder, sofern Leib und Leben nicht bedroht sind. Sie war dann lediglich präsent. So erzählten mir Angehörige.

Die Rolle von Geschwistern:
Je nachdem wie eng das geschwisterliche Verhältnis ist, sorgen sich Geschwister, die nicht mehr mit den suchtkranken Geschwistern zusammenleben, nicht ausschließlich um die Suchtkranken. Sie sorgen sich zusätzlich auch um die Eltern, die mit der besorgniserregenden Situation nicht umgehen können, sie sorgen sich um die Partner der Suchtkranken, bzw. um die Kinder, die im Haushalt der suchtkranken Geschwister leben und dieser Krankheit ausgesetzt sind. Manche sehen sich gezwungen, mehrere Feuer gleichzeitig löschen zu müssen, indem sie zudem weiteren Angehörigen ihre Unterstützung anbieten. Weitere Geschwister, die noch im Haushalt und mit den suchtkranken Geschwistern leben, geraten oft in den Hintergrund und werden nicht mehr in dem Maße, wie ehemals, wahrgenommen. Sie ziehen sich meist zurück, da das auffällige Geschwisterkind im Fokus liegt. Das Familienleben ist aus dem Gleichgewicht geraten.

Die Rolle als Kollege:
Von den Kollegen wird meist erst spät gemerkt, wenn Kollegen Suchtprobleme entwickelt haben. Anfänglich sind es einzelne Tage, die sie fehlen. Mit der Zeit wird die Krankheitsdauer immer länger und wenn die Suchtkranken dann mal in der Arbeit erschienen sind, sind sie unkonzentriert, fahrig, sehen krank aus, teilweise ungepflegt. Die Tätigkeit, die von ihnen nicht ausgeführt werden kann, aufgrund von Abwesenheit, muss natürlich von den übrigen Kollegen aufgefangen werden. Oft dringt der Unmut darüber bei den Vorgesetzten nicht durch, um die suchtkranken Kollegen nicht in Schwierigkeiten zu bringen. Wenn das Verhältnis unter ihnen sehr gut ist, können Kollegen die Arbeit schon ziemlich lange auffangen und machen sich dadurch unbewusst co-abhängig. Sie wollen helfen und keine Schwierigkeiten bereiten durch Mitteilung an Vorgesetzte. Wenn die Kollegen dann mal erkennen, dass hier eine Sucht vorliegt, versuchen sie, die suchtkranken Kollegen zum Aufhören zu bewegen und die ewige Diskussion, die diese auch schon zu Hause „ertragen“ müssen, wird am Arbeitsplatz fortgeführt. Nur sind Suchtkranke erfinderisch, um abzuwiegeln. Sie erfinden Ausreden, reden die Problematik klein. Der Arbeitsplatz geht oft erst dann verloren, wenn Suchtkranke ihre Arbeit, z. B. aus Konzentrationsmangel, nicht mehr verrichten können und/oder unentschuldigt von der Arbeit fernbleiben. In einigen Firmen, meist größeren Firmen, wird Suchtprävention in Form von Beratungsangeboten und Suchthilfe angeboten.

Eine Abteilungsleiterin bat mich einmal um Hilfe. Sie wollte wissen, wie sie sich verhalten kann, wenn sie bei einer Kollegin eine Abhängigkeit vermutet. Sie ist ihr bereits über einen längeren Zeitraum mit leichteren Aufgaben und mehr Spielraum mit den Arbeitszeiten entgegengekommen, da die ehemals zuverlässige und flinke Kollegin immer unregelmäßiger die Arbeit aufnahm und für Aufgaben länger brauchte als früher. Die Abteilungsleiterin schätzt sie jedoch weiterhin als fähig ein und empfindet weiterhin Sympathie für sie. Sie hat die Vernachlässigungen noch nicht an die Vorgesetzten weitergegeben und würde aber die arbeitserleichternden Maßnahme dann vor den Vorgesetzten vertreten.

Diese Abteilungsleiterin hat eine Co-Abhängigkeit entwickelt, in dem sie der Kollegin die Unzuverlässigkeit durchgehen lässt und Verständnis für die Veränderungen, die sich aufgrund der Abhängigkeit ergaben, zeigt. Würde sie die Missstände den Vorgesetzten mitteilen, könnte der Kollegin die Chance gegeben werden, ihr Verhalten durch Inanspruchnahme von Hilfen zu verändern.

In der Rolle von Freunden:
Hier kommt es darauf an, wie lange sich Freunde und Suchtkranke schon kennen und wie oft sie Kontakt haben. In der Regel, so aus meinem persönlichen und beruflichen Erfahrungen heraus, sind sie auch, ähnlich wie ein Familienmitglied, emotional nah dran. Anfangs nehmen sie die Menge an Alkohol, bzw. der häufigere Drogenkonsum, bzw. das Spielen am Automaten oder am Spieltisch nicht so ernst. Bis zu dem Zeitpunkt, wo die persönliche Veränderung sich immer mehr bemerkbar macht, z. B. wenn die Erzählungen der Suchtkranken sich widersprechen oder zu sehr wiederholen. Auch wenn ehemalige gemeinsame Unternehmungen abnehmen, wenn die Freunde merken, dass da etwas vor sich geht, das nicht greifbar und nicht nennbar ist, wenn sie den Suchtkranken nicht direkt ins Gesicht sagen können, hey, Du hast ein Problem. Grund des Rückzugs der Suchtkranken ist der Fokus auf dem Suchtmittel und seiner Beschaffung. Die Freunde versuchen dann die Familie der Suchtkranken zu kontaktieren, um herauszufinden, ob sie mit ihrer Vermutung richtig liegen. Manche ziehen sich dann irgendwann zurück, manche entwickeln eine Co-Abhängigkeit und „helfen“, wo es nur geht. Die Suchtkranken hängen dann mit anderen „Freunden“ ab, eben diejenigen, die die Grenze zur Abhängigkeit ebenfalls überschritten haben. Bevor sich die Freunde jedoch zurückziehen, können sie den Suchtkranken mitteilen, wie es ihnen mit dem veränderten Verhalten geht, dass sie sich sorgen und wissen möchten, wie sie damit umgehen sollen. Die Konsequenz liegt eigentlich nur noch darin, sich zurückzuziehen. Wenn die Suchtkranken sich professionell helfen lassen, können die Freunde auch wieder an deren Seite sein und sie können wieder Freunde sein, wie ehemals.

Wichtig ist, nicht mit dem Finger auf Suchtkranke zu zeigen und anklagend und bewertend zu sein. Dadurch ziehen sich Suchtkranke nur weiter zurück. Ihnen ist nämlich schon selbst bewusst, dass sie durch ihre Abhängigkeit ihr Verhalten verändert haben. Die Sucht ist zu mächtig.

In der Rolle des Partners/Partnerin:
Hier gibt es einige Unterscheidungen in Form von getrennter oder gemeinsamer Wohnung, ob die Partner verheiratet sind – mit/ohne Kinder. Wenn sie

noch nicht zusammen wohnen ist es vermeintlich „einfacher". Partner der Suchtkranken bekommen nicht alles mit. Dass einer abhängig geworden ist kann lange unbemerkt bleiben. Die Abhängigen sind lange bemüht, sich nichts anmerken zu lassen. Das kann sich schon über Monate, manchmal auch noch länger hinziehen, bis den Partnern bewusst wird, dass irgendwas nicht stimmt. Dieses „irgendwas" ist nicht greifbar, nicht zu benennen. Abhängige sind die besten Geschichtenerzähler, sie verdrehen die Wahrheit. Sie müssen aufpassen - was auch eine Weile gelingt - wem sie was erzählen, wenn beide Partner z. B. mit Freunden unterwegs sind und sich die Erzählungen nicht mehr decken.

Die Suchtkranken können nicht mehr alle Aufgaben, die sie bisher übernommen haben, ableisten. Sie bitten die Partner, ihre Aufgaben zu übernehmen. Oft hat sich bereits eine Co-Abhängigkeit entwickelt und die Abhängigen brauchen nicht mal mehr bitten, z. B. Krankmeldungen beim Arbeitgeber mitzuteilen, Behördengänge zu übernehmen, die Reisebuchungen doch selbst in die Hand zu nehmen. Die co-abhängig gewordenen Partner nehmen irgendwann alleine Einladungen wahr. Irgendwann ziehen sie sich zurück und die Beziehung geht in die Brüche. Nur dass dieses Schuldgefühl meist nur bei bei den Gesunden bleibt. Schuldgefühle, irgendwas dazu beigetragen zu haben, dass die Suchtkranken ihr Verhalten verändert haben und dass die Partner nicht alles, wirklich alles, getan haben, die Beziehung zu retten.

Wenn beide in einer gemeinsamen Wohnung leben, jedoch noch nicht verheiratet sind, bekommt der gesunde Partner natürlich alles mit. Hier ist es ähnlich wie zuvor beschrieben, nur dass es sein kann, dass die Co-Abhängigkeit stärker ausgeprägt ist, aufgrund der Nähe. Wenn sie noch kinderlos sind, ist es leichter, sich zu trennen. Die Emotionalität ist natürlich, wenn es sich um Partnerbeziehungen dreht, sehr hoch und je nachdem, ob verheiratet oder/und mit Kindern, ist die Leidensphase der Partner von Suchtkranken länger andauernd, auch da sich hier nicht so leicht getrennt werden kann. Bevor man sich scheiden lässt oder trennt, versuchen die gesunden Partner – in der Regel – alles, um die Ehe/Partnerschaft zu retten. Und wenn Kinder da sind, kann der gesunde Partner nicht mehr nur für sich entscheiden. Hier wird überlegt, ob es für die Kinder besser ist, mit einem süchtigen Elternteil zusammen zu sein, oder ob die Kinder besser dran wären, ohne dem süchtigen Elternteil auszukommen, was dann auch zur Folge hätte, dass der gesunde

Elternteil alleinerziehend wäre.

Aus der Suchtberatung:
Ich gebe auch andere Kontakte an, die unterstützen. Möglichkeiten, wie Selbsthilfegruppen, Kliniken, Schuldnerberatungsstellen (bei Spielsucht), Erziehungshilfen u. ä.

Mehrmals teilten mir Angehörige, die in der Öffentlichkeit standen, mit, dass sie nicht einfach zu einer Suchtberatungsstelle gehen können, da sie evtl. erkannt werden könnten und man sich fragen würde, was denn da im Hause von ... passiert ist, wenn Herr/Frau ... eine Suchtberatungsstelle aufsucht. Dies könnte am nächsten Tag in den Medien zu lesen sein.

Anonymität ist für die meisten Angehörigen sehr wichtig, ob sie nun in der Öffentlichkeit stehen oder nicht.

Bei der Beratung, gerade in der Erstberatung am Telefon, sind die Anrufer erst mal angespannt, manche weinen, manche sind wütend und laut. Sie reden oft ohne Punkt und Komma und erleichtern sich dadurch erst mal. Meist wird erst zum Telefon gegriffen, wenn eine Akutsituation vorliegt. Wenn z. B. der Suchtkranke gerade in diesem Moment die Wohnungseinrichtung demoliert, oder der alkoholisierte, bzw. unter Drogen stehende Mensch, ob erwachsen oder nicht, im Rausch das Haus verlassen hat und die Anrufer verrückt werden vor Sorge. Oder wenn Eltern gerade Drogen beim Kind gefunden haben.

Besonders in diesen ersten Minuten und dann auch im weiteren Verlauf des Gesprächs, ist es wichtig, den Anrufern zu signalisieren, dass ich zuhöre und jetzt da bin für sie. Nach einer Weile gebe ich wieder, was ich verstanden habe, um zu verstehen zu geben, dass ich das, was sie ausdrücken wollen, auch verstanden habe. Ich kann keine Lösungen anbieten, lediglich Optionen aufzuzeigen, wie sie sich in der jeweiligen Situation am besten verhalten können, um sich besser abgrenzen zu können. Einen Suchtkranken zum Aufhören zu überreden ist nicht möglich. Sie in eine Situation zu bringen, von selbst sich helfen lassen zu wollen, ist ein Prozess für die Angehörigen, der sie im ersten Gespräch, sollte dieser Prozess zur Sprache kommen, oft überfordern.

Angehörige haben auch die Möglichkeit, per e-Mail nach Rat zu fragen. Diese Art honoriere ich genauso wie ein Anruf oder die persönliche Kontaktaufnahme. Bei e-Mail-Anfragen kann nur unzureichend beraten werden, da selbst bei ausführlicher Schilderung des Problems, nur allgemein beraten und somit nicht direkt auf die persönliche Situation eingegangen werden kann. Es besteht jedoch für mich, bzw. den Berater, die Möglichkeit, den Verfasser durch größtmögliche Empathie dazu zu bringen, sich zu trauen, zum Hörer zu greifen, um sich besser mitteilen zu können und so eine umfänglichere Beratung zu erhalten.

5 Der Prozess - Raus aus der Co-Abhängigkeit

Entmachtung ist auch eine Form von Macht, zu der ein Mensch fähig ist, alles auf sich zu nehmen, um eine vermeintliche Macht zu entthronen. Zu dieser Entmachtung, oder Entthronung, können Angehörige fähig werden. Dies bedeutet, aus der Co-Abhängigkeit auszusteigen, indem sie die Suchtkranken nicht mehr unterstützen, sie nicht mehr behandeln, als wären sie Kinder, sämtliche Hilfe verwehren, mit Konsequenzen drohen, die umgesetzt werden müssen - und natürlich konsequent bleiben. Das klingt hart und ist auch erst mal die Kurzfassung. Tatsächlich ist es ein lange andauernder Prozess, dahin zu kommen, nicht mehr zu diskutieren, nicht mehr zu helfen, die Suchtkranken anscheinend im Stich zu lassen. Sie müssten damit rechnen, dass sie sich durch die wegfallenden Hilfen den letzten Schuss geben oder sich zu Tode saufen oder dass sie am Spieltisch Haus und Hof verspielen.

Wenn Suchtkranke sich ihren Verantwortungsbereichen wieder selbst stellen wollen, beginnt für sie ein Leidensweg. Der Fokus, der bisher auf das Suchtmittel lag, muss nun wieder auf die Realität gelenkt werden. Dieser Realität, der sie bisher entfliehen wollten, konnten sie bisher ganz gut entkommen, da sie ja ihre Helfer und Unterstützer, die Co-Abhängigen, hatten. Ihnen wird bewusst, wenn sie nicht auf der Straße landen oder sterben wollen, dass der einzige Weg der ist, professionelle Hilfe in Anspruch zu nehmen, dem Suchtmittel abzuschwören. Mithilfe eines Entzugs in einer professionellen Entzugsklinik und mithilfe therapeutischer Unterstützung, um sich der eigenen Verantwortung wieder stellen zu können. Doch dies ist ein Prozess. Das funktioniert nicht von heute auf morgen.

Während dieses Prozesses der Verweigerung von Hilfeleistung für die Süchtigen und die Umsetzung der Konsequenzen leiden die Angehörigen am meisten. Mehr noch als die Suchtkranken selbst. Die Angehörigen sind im vollen Bewusstsein, während die Suchtkranken sich immer wieder aus der Realität beamen und sich selbst bemitleiden, auch Schuld dem Umfeld zuweisen. Das können sie gut! Mit dieser Schuldzuweisung müssen Angehörige erst mal umgehen können. Die Stärke und das Selbstvertrauen von einst ist schon lange zurückgegangen, teils nicht mehr vorhanden. Man kann sich niemanden anvertrauen, denn dann müsste man mit all den veränderten Verhaltensänderungen des Suchtkranken herausrücken. Die Freunde wollen wissen, wie es soweit kommen konnte, warum Du das alles nicht hast kommen sehen, warum der Süchtige nicht einfach wieder aufhören kann, warum warum warum. Die Angehörigen müssen sich erklären, beteuern und Argumente liefern. Plötzlich ist ein Treffen mit Freunden ein Spießrutenlauf und kein geselliges Miteinander mehr. Es wird ein Stempel aufgedrückt. Und wenn es keine Schuldzuweisungen sind, dann Mitleid. Was ist schlimmer? Demnach: still sein, nicht darüber reden, gute Miene machen, das Gespräch auf ungefährliche Themen lenken, von sich ablenken oder sich gleich ganz sich zurückziehen.

Jahrelanges Leiden kann erheblich verkürzt werden – eben mit dem nötigen Verhalten der Angehörigen. Nötiges Verhalten bedeutet, jegliche Unterstützung verwehren, Suchtkranke so zu behandeln, wie früher, als sie gesund waren. Sich nicht auf Diskussionen einlassen, die man mit einem Gesunden ehemals nie geführt hätte. Des Weiteren nichts beschönigen oder kleinreden. Wenn Suchtkranke den Prozess der Entwöhnung überstanden haben, sollten sie selbst die Möglichkeit erhalten, über ihre Krankheit zu sprechen.

Wenn Suchtkranke merken, dass die Co-Abhängigkeit des Umfelds nicht mehr gewährleistet ist, kann es sein, dass sie ungehalten reagieren. Sie müssen sich also selbst beim Arbeitgeber krank melden, wenn sie den Arbeitsplatz behalten wollen, müssen selbst zur Bank gehen, wenn sie Geld brauchen, müssen selbst die eigene Wäsche waschen, wenn sie äußerlich nicht auffallen wollen usw. Da nur wenige, wenn überhaupt, sich unauffällig verhalten können in ihrem Suchtverhalten, sind sie gezwungen, eine Veränderung herbeizuführen und sich helfen zu lassen. Dies ist jedoch ein langer Weg.

Das geht nicht von heute auf morgen, auch nicht von heute auf nächstes Monat. Ein Leidensweg der Abhängigen, aber auch der Co-Abhängigen, muss sich entwickeln.

Doch wie geht es den Angehörigen in dieser Zeit? Schaffen es Mütter, ihren Kindern die Hilfe zu verweigern, obgleich sie schon erwachsen sind? Schaffen es Kollegen die Hilfe zu verweigern, mit dem Gedanken, sie könnten schuldig sein, wenn der Suchtkranke seinen Job verliert? Schaffen es Ehemänner die Hilfe ihrer suchtkranken Frau zu verweigern, mit dem Gedanken, sie könnte sich Schlimmes antun, was niemand verkraften könnte, schon gar nicht die Kinder? Sie alle können es schaffen, Hilfe zu verweigern, indem sie einen oft langen emotionalen Prozess durchlaufen, das mit Hilfe einer professionellen Begleitung in Form von Beratung und/oder Therapie möglich ist. Vorerst eher mit Beratungen, da Therapie noch mal ein zusätzlicher emotionaler Prozess sein kann, der nötig ist, um wieder ganz von vorne durchstarten zu können mit der abgeworfenen Last.

Hätten meine Mutter oder ich, wenn wir uns jemanden hätten öffnen können, jedes Mal, wenn mein Vater wieder im Rausch war, eine begleitende Beratung erhalten, hätten wir nicht so lange, so viele Jahrzehnte, gebraucht, meinem Vater die Hilfe zu verweigern. Meine Mutter hat erst mit Ende 70 meinem Vater die Stirn geboten und ihm gesagt, sie verlässt ihn, wenn er sein Verhalten nicht endlich ändert. Daraufhin hat er ihr geschworen, dass er mit dem Trinken aufhört. Leider hat dieses Versprechen nur kurz angedauert - sie war nicht konsequent geblieben und hat seine Sauferei wieder hingenommen. Konsequent bleiben ist wichtig!

Die Angst der Angehörigen schwingt immer mit, daher öffnen sie sich nicht, daher unterstützen sie die Abhängigen mit allem, was in ihrer Macht steht. Wenn es um Alkohol geht, kommt Angst auf, dass sie sich zu Tode saufen, oder wenn die Angehörigen wollen, dass die Suchtkranken die gemeinsame Wohnung verlassen sollen, sofern sie sie verlassen, kommt Angst auf, dass sie auf der Straße landen und obdachlos werden. Wenn es um Drogenabhängige geht, kommt Angst auf, dass diese sich einen golden Schuss geben oder zumindest auf der Straße landen. Wenn es sich um Spielsüchtige handelt, kommt Angst auf, dass diese alle Konten leerräumen, sofern noch Zugriff auf sie besteht, und dass sie damit Haus und Hof verspielen. Bei Kaufsucht verhält es sich ähnlich.

Die Angehörigen stehen mit ihrer Angst meist alleine da. Sie können zwar in der Familie darüber reden, doch die Familie gehört ebenso zum Kreis der Angehörigen. Sie können nicht mit Menschen außerhalb der Familie über das Suchtproblem sprechen, da Außenstehende die damit verbundenen Probleme und Ängste nicht nachvollziehen können. Freunde bemerken oft, dass sich an der Beziehung etwas verändert hat und versuchen durch Ratschläge die ehemals gute Beziehung wieder herzustellen.

Nicht nur dass Angehörige mit Außenstehenden nicht darüber reden können, sie müssen auch Geschichten erfinden, um die Wahrheit zu vertuschen – nicht nur die Abhängigen verdrehen die Wahrheit. Angehörige fühlen sich oft genötigt, ebenso Geschichten zu erzählen und die Wahrheit verdrehen. Hier wird die Co-Abhängigkeit sehr deutlich. Geschichten mit denen sie sich herausreden, einer Einladung nicht folgen können, da ihr Mann, bzw. derjenige, der mit eingeladen ist, leider verhindert ist durch, z. B. plötzliche berufliche Verhinderung. Das ist anstrengend, denn oft wissen die Angehörigen nicht mehr, wem sie welche Geschichte erzählt haben und die Konsequenz ist, dass sie sich irgendwann ganz zurückziehen um den Lügen, die anstrengend geworden sind, zu entkommen – wieder ähnlich dem Verhalten von Süchtigen.

Warum ist es so schwierig, sich anzuvertrauen, einer Beratungsstelle oder auch Ärzten oder Lehrern, die vielleicht in dieser Thematik geschult wurden? Zum einen aus Angst, sich erklären zu müssen und nicht verstanden zu werden. Denn wer versteht schon, wenn ein Suchtkranker in seinem Rausch die Wohnungseinrichtung zerschlägt oder im Rausch permanent sein Leben und das Leben anderer riskiert. Selbst wenn man sich verstanden fühlt, was hätten der Berater oder Arzt oder Lehrer, dem man sich anvertraut – um nur einige zu nennen – für Abhilfen? Wie kann denn ein Angehöriger einen Abhängigen in kurzer Zeit dazu bewegen, plötzlich sein Verhalten zu ändern? Dies scheint alles ausweglos.

Doch es muss bedacht werden, dass jeder Schluck Alkohol und jede Droge ein Stück Suizid bedeutet, auch wenn die Angehörigen sich co-abhängig verhalten, auch ohne die angedrohten und umgesetzten Konsequenzen. Jedes

Spiel am Automaten oder am Spieltisch kann die Existenz der Familie bedrohen. Einhalt kann nur geboten werden, wenn das Umfeld nicht mehr mitspielt, indem es sich wieder nur ihrer eigenen Verantwortungen stellt, wieder soziale Kontakte wahrnimmt, die brach lagen, weil dem Abhängigen wieder irgendwas abgenommen werden musste, oder wieder stundenlang diskutiert werden musste, bzw. die Laune wieder mal im Keller ist oder die Freunde gar nicht verstehen, was zu Hause passiert.

Und da sind sie wieder dieses Schuldgefühle, wenn man nicht hilft, sich einfach nur um sich kümmert und nicht um den Suchtkranken. Der Kranke ist suchtkrank. Nicht zu verwechseln mit einem Schnupfen. Ein Schnupfen vergeht wieder, die Suchtkrankheit bleibt. Selbst trockene Alkoholiker bleiben immer Alkoholiker. Genauso verhält es sich mit anderen Abhängigkeitserkrankungen. Auch wenn sie trocken, clean oder von der Spielsucht, Kaufsucht, den Essstörungen, befreit worden sind, müssen sie ein Leben lang daran arbeiten, es zu bleiben. Sie werden immer wieder getriggert durch die Sinne. Auch dieses „befreit sein" von der Sucht ist ein langer Weg, den die Abhängigen gehen müssen. Es braucht in jedem Fall eine Entwöhnungsbehandlung, bestenfalls stationär oder teilstationär, über Monate, und anschließend eine ambulante Therapie und in vielen Fällen eine Eingliederung in den Alltag. Bei stoffgebundenen Süchten kommt allen voran noch eine Entzugsbehandlung, die je nach Suchtmittel bis zu drei Wochen dauern kann.

Das Helfen-Wollen der Co-Abhängigen beinhaltet vieles. Darunter natürlich auch diese endlosen Diskussionen, dass die Abhängigen doch endlich ein Einsehen haben und mit dem Suchtmittel aufhören sollen. Sehen sie denn nicht, was die Sucht mit der ganzen Familie anstellt. Der Arbeitsplatz ist evtl. schon gefährdet oder schon verloren gegangen. Der Führerschein ist ebenfalls gefährdet oder schon weg, usw. Diese Endlosdiskussionen bewirken lediglich, dass die Suchtkranken genervt den Rückzug antreten, oder lautstark ihre Unschuld beteuern – nach dem Motto, Schuld sind die anderen. Der Weg der Endlosdiskussionen – wie schon der Name: Endlos – endet im Nirvana. Gut gemeint von den Angehörigen, denn die Abhängigen sollen niemals sagen können, sie hätten sich nicht gekümmert.

In einer beratenden Begleitung wird den Angehörigen immer wieder vor Augen geführt, dass die Schuld nicht bei ihnen liegt, dass sie die Abhängigen in ihre Verantwortung entlassen und wie Erwachsene behandeln müssen. Auch Jugendliche, die sich missbräuchlich verhalten oder bereits eine Sucht entwickelt haben, sollten wie Heranwachsende behandelt werden. Wenn sie sich ernst genommen fühlen, können Eltern eher auf sie einwirken und eine Veränderung erzielen.

Die Abhängigen gehen erst mal Ihrer Sucht im selben Maße nach, auch wenn eine Konsequenz angedroht wird. Die Umsetzung dieser Androhung ist dann schon ein weiterer Schritt für die Angehörigen. Hier müssen sie gegen ihre Lieben, die abhängig geworden sind, vorgehen, ihnen nichts mehr abnehmen und in Kauf nehmen, dass bestimmte Dinge passieren, die die Konsequenz voraussetzen könnte, z. B. dass sie ihren Arbeitsplatz verlieren, indem der Arbeitgeber nicht informiert wurde. Im schlimmsten Fall, die geliebte Person vor die Tür setzen, den Schlüssel wegnehmen, die Schlösser austauschen, sofern die Suchtkranken sich dies gefallen lassen.

Dieser Prozess ist nur schrittweise möglich und geht immer nur so weit, was sich Angehörige zutrauen und imstande sind umzusetzen.

Es ist ein ewiger Kreislauf: Die Abhängigen leben ihre Sucht aus, die Co-Abhängigen unterstützen sie dabei, dadurch dass sie ihre Aufgaben übernehmen. Abhängige und Co-Abhängige lügen oft, verheimlichen, reden klein, ziehen sich zurück von sozialen Kontakten und streiten. In vielen Fällen ist die ganze Familie betroffen, bzw. ein ganzer Kollegen- und Freundeskreis.

Ich werde immer wieder gefragt, wie man den Kreislauf durchbrechen kann. Außer den Konsequenzen, die die Angehörigen androhen und umsetzen können, gibt es noch weitere Optionen, die ein Annähern wieder möglich machen lassen. Die Angehörigen können die Suchtkranken ehrlich und empathisch fragen, wie es ihnen denn dabei geht, wenn sie ständig an das Suchtmittel Alkohol oder Drogen oder Spieltisch denken müssen. Bitte ehrlich und empathisch fragen. Es muss sich authentisch anhören für die Suchtkranken. Sie auch fragen, was sie dabei fühlen, wenn sie gerade aktiv konsumieren. Und wie es ihnen danach geht. Welche Gedanken ihnen durch den Kopf gehen. Wie ist das, immer zu überlegen, wie man an das Suchtmittel kommt. Sie als Angehöriger würden dies gerne verstehen um nicht immer dagegen reden und diskutieren müssen. Vielleicht findet sich ein gemeinsamer Weg, das

Suchtverhalten zu verändern. Viele Angehörige erzählten, dass sie dieses Vorgehen auch schon versucht hätten, es jedoch auch nichts gebracht hat.

Die Suchtkranken können sich nur öffnen, sobald sie merken, dass es sich nicht wieder um die üblichen Diskussionen handelt, sondern dass es ehrlich gemeint ist, wenn die Stimme nicht sorgenvoll ist, sondern eher so nebenbei gefragt wird. Ebenso wenn sie merken, dass der Angehörige jetzt soweit ist, sie nicht mehr bekehren zu wollen. Dieser Austausch sollte immer wieder stattfinden, die Angehörigen sollten da dran bleiben. Dies ist kräftezehrend für Angehörige, zumal ihre Hilfeleistung wegfällt und sie konsequent sein müssen. In manchen Fällen hilft dieses Vorgehen.

Dass ein Süchtiger sich einem Gesunden anvertraut und über seine Gefühle spricht habe ich in meiner Jugend mit Abhängigen in der Clique erlebt, jedoch auch in der Beratung mit Abhängigen. Wichtig ist der Ton in der Stimme der Angehörigen und das Verhalten, wenn Suchtkranke nach ihren Gefühlen gefragt werden. Es muss absolut authentisch wirken. Die Suchtkranken spüren sofort, wenn nur aus einer Sorge heraus gefragt wird.

Es erscheint Angehörigen, dass bei Abhängigen purer Egoismus am Werk ist. Obwohl sie doch früher nicht so waren. Früher.... war alles anders. Es ist ein Prozess für die Angehörigen, diesen Egoismus ertragen zu müssen und selbst einen gesunden Egoismus entwickeln zu müssen. Auch wieder den eigenen Interessen nachgehen und sich selbst eine Freude bereiten, was auch immer mit dem Süchtigen daheim, bzw. wo auch immer er sich befindet, geschieht. Sich plötzlich wieder was Gutes tun, Freude zu empfinden, Freunde unbeschwert zu treffen, geht nicht von heute auf morgen. Wenn sie jedoch so weit sind, kann den Suchtkranken auch wieder erwachsen begegnet werden. Erwachsen zu begegnen setzt voraus, die Suchtkranken in deren Verantwortung zu entlassen ohne sie zu bemuttern und zu kontrollieren.

Abhängigen ist ihr Zustand sehr wohl bewusst. Ihnen ist bewusst, dass sie aus dem Teufelskreis raus müssten, ihnen ist bewusst, dass die Angehörigen sie bemuttern und nicht mehr erwachsen behandeln. Doch alleine können nur sehr wenige aus dem Teufelskreis, dieser Suchtkrankheit, ausbrechen. Nur diejenigen, deren Leid in der Hochphase ist und sie zu all dem keine Lust mehr haben, auch so nicht mehr weitermachen können, unternehmen alles, um da wieder herauszukommen. Manche versuchen es alleine und nur sehr wenige schaffen es, eine Weile trocken, clean oder spielfrei zu bleiben. Eben nur wenige. Die meisten werden wieder rückfällig und schieben die Schuld dafür wieder irgendjemand zu. Die Sorgen nehmen wieder ihren Lauf.

Es braucht in den meisten Fällen eine professionelle Unterstützung und die wird erst dann in Anspruch genommen, wenn der Leidensweg die Höchstphase erreicht hat, diese anhält und es keinen Anschein hat, dass sich was verändert.

Wie kann diese Höchstphase des Leidens aussehen? Wenn keiner mehr hilft, wenn sich Suchtkranke allein um alles kümmern müssen, wie z. B. die eigene Kleidung selbst waschen, das Essen für sich selbst kochen und einkaufen gehen, auch wenn sie sich in einer Familie befinden und die Partner doch bisher immer die Wäsche gewaschen haben, Essen eingekauft und gekocht haben. Auch wenn die Angehörigen mit Suchtkranken in der Familie leben, sollten die Angehörigen sich so verhalten, wie wenn sie mit ihnen in einer Art Wohngemeinschaft leben und jeder für seine Wäsche und sein Essen selbst verantwortlich ist. Wieder selbst Verantwortung übernehmen, Wäsche und Essen ist ein Teil davon. Mit den Abhängigen sollte kommuniziert werden, wie wenn diese neue Wohnsituation in Ordnung wäre. Kommunikation zwischen Angehörige und erwachsenen Suchtkranken sollte auf Erwachsenenebene stattfinden.

Dies alles verlangt Angehörigen viel ab. Dies ist eigentlich zu viel verlangt und vielen Angehörigen fällt dieses neue Verhalten schwer umzusetzen. Es ist einfach zu verrückt. Da lebt der z. B. süchtige Ehemann in der Familie und trotzdem sollen sich alle so verhalten, wie wenn er in einer Art Wohngemeinschaft mit der Familie zusammen lebt. Wie soll dies denn umzusetzen sein?

Ein gesunder Partner, der erst kurz zusammen ist mit einem Süchtigen, diese Sucht jedoch ziemlich schnell bemerkt hat, auch sehr verliebt ist, muss sich überlegen, ob er, selbst wenn der Suchtkranke sich helfen lässt, weiterhin mit einem trockenen oder cleanen Süchtigen zusammen sein will. Ob er eventuelle Rückfälle miterleben und den Selbstzweifeln des ehemals Süchtigen ständig ausgesetzt sein will.

Bei minderjährigen Kindern, die ein Suchtverhalten entwickelt haben verhält es sich etwas anders als bei Erwachsenen. Hier haben die Eltern noch die Möglichkeit, Einfluss zu nehmen. Bei Minderjährigen sollten klare Regeln aufgestellt und nicht diskutiert werden. Minderjährige merken sehr schnell, ob die Eltern konsequent sind oder ob sie sie noch um den Finger wickeln können. Hier wird noch viel ausprobiert vonseiten der Kinder. Außerdem können Eltern sich von behördlichen Familienhilfen unterstützen lassen, wenn ihnen eine Angehörigenberatung nicht reicht. Sie haben außerdem die Möglichkeit, ihr minderjähriges Kind im Notfall in eine Klinik einweisen zu lassen, sollte sich das Kind in einem bedenklichen Rauschzustand befinden.

6 Begleitung

Aus meiner Erfahrung heraus, brauchen Hilfesuchende eine begleitende empathische Beratung, die ihnen das Gefühl vermittelt, verstanden zu werden und die sie stärkt. Dabei werden auch Emotionen wie Wut, Verzweiflung und Hilflosigkeit abgebaut. Optionen zum Verhalten im Umgang mit dem Suchtkranken können umgesetzt werden. Begleitung ist ein Prozess. Ein Umgang mit einem Suchtkranken bedeutet Prozess. Das Gegenüber, die beratende Person, sollte dabei nicht getriggert werden, es sollte ihr völlig bewusst sein, dass die Erzählung des Angehörigen mit der eigenen Geschichte, bzw. den eigenen Erfahrungen, nichts zu tun haben. Die beratende und begleitende Person sollte sich somit abgrenzen können. Wenn diese ein Gefühl vermitteln kann, den Hilfesuchenden verstanden zu haben, ist dies für den Hilfesuchenden dahingehend mehr Unterstützung, als dass Lösungen aufgezeigt werden, die auf die Schnelle nicht umgesetzt werden können.

Die begleitende Beratung unterscheidet sich wesentlich von einer begleitende Psychotherapie. In der Beratung können weitere Schritte besprochen werden. Angehörigen kann immer wieder bewusst gemacht werden, dass jedes coabhängige Verhalten Süchtige in ihrer Sucht bleiben lassen, dass sich nichts verändern wird, wenn der Kreislauf durch die Co-Abhängigkeit aufrechterhalten bleibt. Es wird die momentane Situation besprochen. Die Situation zu reflektieren hat oft geholfen. Hat sich was verändert, wenn nicht, was braucht es, um eine positive Veränderung für alle Beteiligten herbeizuführen. Weitere

Schritte werden besprochen, die für Angehörige umsetzbar sind. Z. B. Konsequenzen, die Suchtkranken angedroht werden, dass, wenn sie sich ihren Verantwortungen nicht stellen, diese oder jene Maßnahme erfolgen wird. Die Angst vor möglichen Folgen bleibt bestehen.

Ein weiterer Schritt könnte so aussehen, dass Angehörige schrittweise die Suchtkranken wieder deren Verantwortungsbereiche selbst aufnehmen lassen und ihnen nicht mehr alles abnehmen. Nach und nach die üblichen Hilfestellungen unterlassen.

In einer Begleitung können sich Kräfte entwickeln, kleine Schritte gehen zu können. Diese kleinen Schritte gehen Angehörige mit dem begleitenden Berater zusammen. Ein Auseinandersetzen mit der Situation kann stattfinden. Nicht nur aushalten und weiterhin in der Co-Abhängigkeit leben, sondern auch reflektieren, wie die Situation heute ist, welches Ziel angestrebt wird und wie sich die Ziele umsetzen lassen. Es können Emotionen abgebaut werden und innere Ressourcen ins Bewusstsein gebracht werden. Eine stärkende Haltung kann sich aufbauen und eigenen Interessen wieder nachgegangen werden. Dadurch verändert sich das Verhalten den Abhängigen gegenüber. Die Co-Abhängigkeit geht zurück, bzw. wird abgebaut und Abhängige werden wieder in ihre Verantwortung entlassen. Sie können somit zur Einsicht kommen, sich helfen zu lassen. Während dieses Prozesses kommen natürlich immer wieder Ängste hoch, z. B. die Angst, dass sich Suchtkranke was antun, wenn ihnen die Angehörigen nicht mehr helfen. Diese Ängste werden in der Beratung besprochen und können durch Selbstreflektion abgebaut werden. Es ist anzunehmen, dass Suchtkranke mit jedem Mal, wenn sie konsumieren, sich selbst was antun, indem sie schrittweise Suizid begehen oder bei einer Spielsucht Haus und Hof verspielen. Dies ist natürlich beängstigend. Ängste können mit einer begleitenden Beratung reflektiert und somit immer mehr abgebaut werden.

Einige Angehörigen finden in Selbsthilfegruppen, den Al-Anon-Gruppen, Unterstützung. Hier wird ihnen das Gefühl vermittelt, nicht alleine zu sein, weil andere ähnliches erleben haben. Sie erhalten Impulse, wie sie leichter mit ihrer Situation umgehen können.

7 Die Betroffenen

Ebenso wie bei den Angehörigen ähneln sich die Erzählungen der Suchtkranken. Sie schämen sich, Leiden zu verursachen, in den Momenten, wenn sie nicht konsumieren, wenn sie nicht betrunken, auf Droge oder am Spieltisch sitzen. Sie wissen, dass sie davon nicht einfach weg kommen, obwohl sie es meist wollen. Sie vertrauen sich oft nur Menschen an, die ihnen das Gefühl geben, nicht bewertet zu werden, nicht abgestempelt zu werden, die nicht bekehren wollen. Nur in diesem Gefühl können sie sich anvertrauen. Es ist anstrengend, immer wieder die Suchtmittel besorgen zu müssen, anstrengend, Geschichten erfinden zu müssen, anstrengend die Entzugserscheinungen ertragen zu müssen, bis sie sich endlich wieder erleichtern können durch erneutem Konsum – und der Kreislauf seinen weiteren Verlauf nimmt. Viele werden straffällig, verlieren das Sorgerecht, verlieren Arbeitsplatz, die Familie. Sie schämen sich, süchtig geworden zu sein. Während sie konsumieren, versuchen sie auch der Scham zu entkommen und den entstandenen negativen Umständen, wenn auch nur für eine kurze Weile. Danach folgen die Entzugserscheinungen.

Abhängigkeit ist eine Krankheit. Gesunde Menschen gehen zum Arzt, wenn sie krank sind und werden nach kurzer Zeit wieder gesund. Jedoch bei Abhängigen verhält es sich anders. Bei ihnen dauert der Heilungsprozess teilweise monatelang und um abstinent zu bleiben, ein ganzes Leben.

Wenn sich Abhängige helfen lassen wollen, bedeutet dies, wieder in der Realität leben zu müssen. Sich helfen lassen beginnt mit dem Besuch bei der Beratungsstelle. Vorher muss hierzu ein Termin vereinbart werden. Der Termin ist selten am selben Tag. Es vergehen einige Tage und in diesen Tagen sollte nicht konsumiert werden. In der Beratungsstelle wird u. a. auch über die nötige Motivation der Abhängigen gesprochen und ob sie einen Entzug durchhalten. Es wird meist ein Kontakt zur Entzugsklinik hergestellt und die Abhängigen vereinbaren den Termin in der Klinik. Es vergehen wieder wenigstens Tage, bis ein Platz frei wird. So in dieser Art und Weise wird in vielen Fällen vorgegangen. Die Dauer eines Entzugs bei Alkohol, bei Drogen und bei Medikamenten ist unterschiedlich lang. Bis zu drei Wochen kann ein Entzug dauern, in einzelnen Fällen auch länger. Es findet ein körperlicher Entzug unter ärztlicher Aufsicht statt. Ein sogenannter warmer Entzug erfolgt u. a. mit medikamentöser Unterstützung, so dass der Körper die Entzugserscheinungen besser durchhält. Die eingesetzten Medikamente werden zum Ende des Entzugs ausgeschlichen. Danach stellen sich psychische Probleme ein. Das Verlangen nach den alten Gewohnheiten ist enorm. Um dem entgegenzuwirken, brauchen Suchtkranke therapeutische Unterstützung, bestenfalls stationär, in einer Suchtklinik, über mindestens zwei Monate. Auch eine teilstationäre Therapie ist möglich, wenn die Suchtkranken einen festen Willen haben, außerhalb der Klinik und an den freien Wochenenden, abstinent zu bleiben. Manche müssen sich jedes Mal morgens beim Ankommen in der Klinik, auf Substanzen testen lassen. Zeiten müssen unbedingt eingehalten werden. Zuverlässigkeit, die im Suchtverhalten verdrängt wurde, muss wieder an vorderster Stelle stehen. In der Einrichtung lernen die Patienten in Gruppen- und Einzeltherapien, sich dauerhaft enthalten zu können.

Nach der stationären therapeutischen Unterstützung braucht es meist eine ambulante therapeutische Unterstützung, um im Prozess der Abstinenz zu bleiben und um Rückfälle zu vermeiden. Es heißt, dass je länger jemand trocken, clean und spielfrei ist, die Gefahr eines Rückfalls geringer wird.

Abstinent zu bleiben ist ein langer, oft lebenslanger Prozess. Man kann Süchtige nicht „überreden" aufzuhören um dann diesen Prozess durchzustehen. Sie müssen es selbst wollen. Und an diesen Punkt kommen sie erst, wenn sie am Boden sind, das Konstrukt der Co-Abhängigen nicht mehr funktioniert, in vielen Fällen der Arbeitsplatz, der Führerschein, die Familie weg ist. Manchmal reicht es aber auch schon, wenn geliebte ihnen wichtige Personen sich abwenden und die Suchtkranken dadurch in ein Loch fallen. Nur wenn sie merken, dass diese Personen es bitter ernst meinen und erst wieder zurück kommen, wenn sie sich helfen lassen, erst dann erwägen viele eine Veränderung.

Daher ist es so wichtig, Konsequenzen einzuhalten, die umsetzbar sind. Konsequenzen verlangen Angehörigen viel ab, Ängste durchzustehen, evtl. selbst dabei Störungen zu entwickeln, weil die Psyche die Sorgen nicht mehr aushält und dabei oft der Schmerz, den die Psyche nicht verarbeiten kann, über den Körper ausgedrückt wird. Eine Psychosomatik kann entstehen.

Für Abhängige entstehen in Deutschland, sofern sie kranken- und rentenversichert sind, keine Kosten, wenn sie professionelle Hilfe in Form von Entzug und Therapien in Anspruch nehmen wollen. Genaue Informationen über Kosten bieten Suchtberatungsstellen, Gesundheitsämter und Bürgerhäuser, wobei auch hier die Beratungen überwiegend kostenfrei sind. Dass die Hilfeleistungen von Suchtkranken nicht selbst gezahlt werden müssen, macht auch Sinn, da sie ja oftmals bereits in die Arbeitslosigkeit gerutscht sind, bzw. viel Geld für den Konsum bereits ausgegeben wurde. Nicht selten sind Abhängige verschuldet.

Kriterien der Abhängigkeit

Nach der Definition im ICD-10 (International Statistical Classification of Diseases and Related Health Problems – 10. Überarbeitung), das von der Weltgesundheitsorganisation (WHO) herausgegebenen wird, soll die Diagnose Abhängigkeit nur gestellt werden, wenn mindestens drei der folgenden Kriterien gleichzeitig während des letzten Jahres vorhanden waren:

1. Ein starker Wunsch oder eine Art Zwang, psychotrope Substanzen zu konsumieren.
2. Verminderte Kontrollfähigkeit in Bezug auf den Beginn, die Beendigung oder die Menge des Konsums.
3. Ein körperliches Entzugssyndrom bei Beendigung oder Reduktion des Konsums, nachgewiesen durch substanzspezifische Entzugssymptome oder durch die Aufnahme der gleichen oder nahe verwandter Substanzen, um Entzugssymptome zu vermindern oder zu vermeiden.
4. Nachweis einer Toleranz gegenüber der Substanz, im Sinne von erhöhten Dosen, die erforderlich sind, um die ursprüngliche durch niedrigere Dosen erreichte Wirkung hervorzurufen.
5. Fortschreitende Vernachlässigung anderer Vergnügungen oder Interessen zugunsten des Substanzkonsums sowie ein erhöhter Zeitaufwand, um die Substanz zu konsumieren oder sich von den Folgen zu erholen.
6. Anhaltender Substanzkonsum trotz des Nachweises eindeutig schädlicher Folgen.

Die Diagnose einer Substanzabhängigkeit kann auf jede Substanzklasse angewendet werden. Im ICD-10 wird unterschieden zwischen Alkohol, Opioiden, Cannabinoiden, Kokain, Stimulanzien, Halluzinogene, flüchtige Lösungsmittel (Schnüffelstoffe), Tabak, Schlaf- und Beruhigungsmittel sowie multiplem Substanzgebrauch und dem Konsum sonstiger psychotroper Substanzen.

Grenze zwischen missbräuchlichem Verhalten und Abhängigkeit
Ein missbräuchliches Verhalten im Konsum ist gegeben, wenn die Kontrollfähigkeit noch funktioniert. Wenn sich keine Toleranzentwicklung (die Gewöhnung an einen Wirkstoff, wobei dessen Wirkung durch wiederholte oder chronische Einnahme abnimmt, lt. Wikipedia vom 2.12.2019) einstellt.

Bei einer Abhängigkeit entwickelt sich eine Toleranz, außerdem ist der Fokus auf den Konsum gelegt (s. Kriterien der Abhängigkeit)

Faktoren zum Zustandekommen einer Abhängigkeit
Es können genetische Faktoren bestehen, ebenso soziale, wie z. B. um gesellschaftsfähig zu sein, aus Einsamkeit und Langeweile. Das Gruppenverhalten spielt oft eine große Rolle; psychodynamische Effekte wie z. B. dass eine Situation schlechter auszuhalten ist, als dies bei innerlich stärkeren Menschen der Fall ist; die Substanz spielt ebenso eine Rolle, z. B. wird oft bei jungen Menschen der Konsum von Cannabis verharmlost, obwohl es eine Einstiegsdroge sein kann; auch ist das Suchtpotenzial nicht zu unterschätzen, so hat Heroin ein sehr hohes Suchtpotenzial, ebenso wie Opium, Morphium und Codein. Es kann sich bereits nach kurzer Zeit eine Abhängigkeit entwickeln.

Stoffgebundene Abhängigkeitserkrankungen
Alkohol
Die Wirkung des Alkohols hängt von verschiedenen Faktoren ab: u. a. von der körperlichen Verfassung, der Trinkgewohnheit und der Menge, auch von der Alkoholkonzentration. Bei ansteigendem Blutalkoholspiegel kommt es zur Störungen der Wahrnehmung, der Urteilskraft, die Sprache wirkt undeutlich. Außerdem lässt die Konzentration nach, Aggressionen und Gewalttaten können entstehen und oftmals auch Straftaten unter erhöhtem Alkoholkonsum. Bei anhaltendem Konsum entstehen Entzugserscheinungen, Verhaltensänderungen, Potenzstörungen, Händezittern, sozialer Abstieg, sowie organische Folgeschäden, u. a. Gastritis, Fettleber, Pankreatitis; neurologische Schäden,

u. a. Alkoholintoxikation und psychiatrische Folgeschäden, wie Stimmungsschwankungen, Angstzustände, Depressionen.

Verschiedene Trink-Typen werden unterschieden:
Konflikttrinker: trinkt um Probleme zu vermeiden
Gelegenheitstrinker: entspricht sozialem Trinkverhalten
Süchtiger Trinker: zunehmender Kontrollverlust
Spiegeltrinker: kontinuierlicher Trinkkonsum
Episodischer Trinker: in Abständen tagelanges Trinken

Soziale Folgen können auftreten aufgrund von Konflikten in Beziehungen und Ehen, am Arbeitsplatz, unter Freunden, betroffen sind oft Kinder.

Alkohol ist in der Gesellschaft akzeptiert und wird bei vielen Gelegenheiten angeboten, ohne die Risiken zu hinterfragen. Bei einem angebotenen Glas Alkohol Nein zu sagen bedarf es oft eine Erklärung. Trockene Alkoholiker, die sich nicht outen wollen sind meist in Erklärungsnot.

Nikotin
Abhängig macht das im Tabak enthaltenen Nikotin. Es begünstigt oft Herz-Kreislauf-Beschwerden. Entzugserscheinungen entstehen oft beim Versuch aufzuhören, wie Reizbarkeit, Unruhe, Schlafstörungen und vermehrter Appetit. Auch bei einer Nikotinabhängigkeit sind die üblichen Kriterien einer Sucht gegeben (s. Kriterien einer Sucht)

Cannabis
Konsumformen sind Haschisch und Marihuana. Hasch und Gras kommen beide von der weiblichen Hanfpflanze, auch Cannabis genannt. Der Hauptwirkstoff der Droge nennt sich THC. Gelegentlich wird Haschisch auch Getränken, wie z. B. Tee zugegeben oder in Kekse eingebacken. Da die Dosierung hier schwierig zu beurteilen ist, kann diese Konsumform, Tee und Kekse, sehr riskant sein. Die Wirkung beim Rauchen wird von der Grundstimmung des Konsumenten beeinflusst. So wurde mir oft von ihnen erzählt. Die vorhandenen Gefühle, ob positiv oder negativ, werden vorerst verstärkt. Auch treten häufig Denkstörungen auf, die Konzentration kann nachlassen, ebenso die Aufmerksamkeit. Oft tritt ein verminderter Antrieb und die Tendenz zur Passivität auf. Die Konsumenten lassen sich oft leicht ablenken. Bei länger

anhaltendem Cannabiskonsum kann es zu psychischer Abhängigkeit kommen. In seltenen Fällen, z. B bei lang andauernden und häufigen Konsum, können auch Psychosen und Halluzinationen bzw. Wahnvorstellungen ausgelöst werden, welche baldmöglichst behandelt werden sollten.

Heroin

Heroin hat das höchste Abhängigkeitspotenzial, körperlich wie auch psychisch. Die Wirkung tritt bereits kurz nach der Verabreichung ein. Es kann geraucht, geschnupft und oral konsumiert werden. Um den schnell einstellenden Entzugserscheinungen entgegenzuwirken fügt meist der Konsument dem Körper in kürzeren Abständen immer höhere Dosen zu.

Heroin ist ein halbsynthetisches Opioid und Rauschgift und gehört zur Gruppe der Opioide und Opiaten und wird aus Morphin gewonnen. Es wirkt schmerzlösend, bewusstseinshemmend und stark euphorisierend. Ängste, Leere, Konflikte und Probleme werden während des Konsums nicht mehr wahrgenommen. Bei lang anhaltenden Heroinkonsum entstehen schwere körperliche Folgeschäden, u. a. Leberschädigung und Zahnausfall. Die Persönlichkeit verändert sich, ebenso die soziale Situation. Da die Beschaffungskosten sehr hoch sind, resultiert daraus oft eine Beschaffungskriminalität. Im Rahmen einer Drogenersatz-, bzw. Substitutionstherapie wird der meist verwendete Ersatzstoff Methadon eingesetzt.

Kokain

Kokain wird je nach Verarbeitung auch als Schnee, Koks, Coke, Crack und Rocks bezeichnet. Es kann geschnupft, injiziert oder geraucht werden. Es hat ebenfalls, ähnlich wie Heroin, ein hohes Abhängigkeitspotenzial. Beim Schnupfen setzt die Wirkung innerhalb von Minuten ein, beim Spritzen und Rauchen bereits nach Sekunden. Die Wirkungsdauer hält meist bis zu einer Stunde an, je nach Verabreichungsform. Die Wirkung äußert sich, ähnlich wie bei einer Manie in Selbstwertsteigerung, Rededrang, Größenideen, geringes Schlafbedürfnis und Enthemmung. Lässt die Wirkung nach, treten Ängste und ähnliche Zustände wie bei einer Depression ein, wie Niedergeschlagenheit, Antriebslosigkeit, Erschöpfung, Schuldgefühle. Mittel- und langfristiger Kokainkonsum kann zu körperlichen, psychischen und sozialen Veränderungen führen.

Amphetamine

Amphetamine (Speed, Crystal) sind eine Gruppe synthetisch hergestellter Drogen. Die Wirkung, je nach Substanz, ist aufputschend mit teils halluzinogener Wirkung. Die Konzentrations- und Leistungsfähigkeit werden erhöht, während gleichzeitig Müdigkeit und Schlafbedürfnis wie auch Appetit und Hungergefühl unterdrückt werden. Amphetamine können sehr schnell zu einer starken psychischen Abhängigkeit führen sowie zu sozialem Rückzug. Amphetamine werden in der Medizin als Arzneistoff auch zur Behandlung von ADHS, der Aufmerksamkeitsdefizit-/Hyperaktivitätsstörung, verwendet.

Ecstasy

Die bekannteste Substanz, die als Ecstasy bezeichnet wird ist MDMA. Konsumenten sprechen von angenehmen Wirkungen, wie Gefühle der Entspannung, Glücks- und Liebesgefühle, Gefühle der Nähe zu anderen Menschen und optischen Wahrnehmungsveränderungen. Die als unangenehm empfundenen Wirkungen sind Schwindel, Mundtrockenheit, Schweißausbrüche. Zu den gefährlichen Wirkungen zählen Herzrasen, Angstzustände und psychotische Störungen. Bei einem dauerhaften Konsum kann sich eine psychische Abhängigkeit entwickeln. Häufig kommt es zu einem Mischkonsum mit anderen Substanzen.

LSD

LSD ist eines der stärksten Halluzinogene. Auch bekannt unter dem Namen Acid. Die bekannteste Wirkung beim Konsum sind optische Halluzinationen, auch akustische können vorkommen. Wahrnehmung und Gedanken werden beeinflusst. Von Konsumenten wurde mir berichtet, dass sich Größe und Form von Gegenständen plötzlich veränderten und die Farben sehr intensiv wirkten. Es wird von vorübergehenden Horrortrips berichtet. Auch verändert sich das Zeitempfinden. Wie bei vielen Drogen wirkt auch LSD unterschiedlich auf jeden Konsumenten.

LSD-Abhängigkeit (Quelle: Wikipedia vom 12.01.2020):

Es wird von führenden Naturwissenschaftlern in der Halluzinogenforschung, der Europäischen Beobachtungsstelle für Drogen und Drogensucht (EMCDDA) und dem National Institute on Drug Abuse des US-Gesundheitsministerium als nicht-abhängigkeitserzeugende Substanz angesehen, da es kein Suchtverhalten erzeugt. Viele LSD-Konsumenten verringern ihren Gebrauch mit der Zeit freiwillig oder stellen ihn ganz ein.

Medikamente

Unter den Beruhigungs- und Schlafmittel finden sich Benzodiazepine.
Sie werden als Entspannungs- und Beruhigungsmittel oder als Schlafmittel verabreicht. Sie sind verschreibungspflichtig und haben eine angstlösende, krampflösende, entspannende, beruhigende, erregungs- und aggressionsdämpfende sowie schlafanstoßende Wirkung. Sie sollten nur über einen kurzen Zeitraum zur Behandlung von Spannungs- und Erregungszuständen sowie Angstzuständen verschrieben werden. Unerwünschte Effekte können sein: Niedergeschlagenheit, Müdigkeit, Muskelschwäche. Bei einer längeren Einnahmedauer besteht die Gefahr einer Toleranzbildung und so kann es zu einer Abhängigkeitsentwicklung kommen, körperlich und psychisch, welche sich in Entzugssymptomen und Persönlichkeitsveränderungen äußern können. Entzugssymptome entstehen bei längerer Einnahme und/oder abruptem Absetzen. Sie äußern sich in Schlafstörungen, Schwäche, Schwindel und Zittern. Benzodiazepine sollten ausgeschlichen werden. Grundsätzlich sollte die Einnahme und das Absetzen unter ärztlicher Aufsicht erfolgen.

Schmerzmittel

Opiate und Opioide:
Sie sind sehr stark wirkende Schmerz- und Betäubungsmittel mit einem hohen Suchtpotenzial. Sie besitzen die stärkste schmerzstillende Wirkung. Sie werden oft missbräuchlich verwendet. Das Abhängigkeitspotenzial ist hoch. Unter therapeutischer Aufsicht führen Opiate und Opioide in der Regel nicht zu einer Suchtentwicklung.

Fentanyl ist ein synthetisches Opioid und ein sehr starkes Schmerzmittel. Es wirkt stärker als Morphin und wird u. a. verwendet um Narkosen einzuleiten.

Nicht-stoffgebundene Abhängigkeitserkrankungen

Computerspielsucht

(Teile zitiert aus Quelle: www.gehirn-und-geist.de)

Neurobiologie: Exzessives Computerspielen beruht offenbar auf den gleichen hirnphysiologischen Prozessen wie etwa Alkoholismus: Das Gehirn eines Spielsüchtigen reagiert auf einen Screenshot seines Lieblingsspiels ähnlich wie das eines Alkoholikers auf den Anblick eines Biers.

Persönlichkeit: Hohe Impulsivität und geringe Selbstkontrolle begünstigen die Sucht.

Folgen: Der Schlaf-Wach-Rhythmus gerät durcheinander wenn Betroffene regelmäßig bis in die frühen Morgenstunden am Rechner sitzen. Ausreichende Bewegung fehlt oft. Auch besteht die Gefahr, dass der Ernährung und dem eigene Körpergewicht nicht mehr ausreichend Beachtung geschenkt wird.

Mediensucht

Hier steht die Nutzung des Internets im Vordergrund. Hier nehmen die angebotenen und gespielten Onlinespiele einen großen Raum ein, jedoch auch andere Medien stehen oft im Fokus. Es besteht ein hohes Suchtpotenzial, das zur Folge hat, dass bei z. B. exzessivem Spielen vieles vernachlässigt wird, u. a. der Schlaf-Wach-Rhythmus, soziale Kontakte, Aktivitäten mit der Familie, ebenso Vernachlässigung der körperlichen Pflege und Selbstfürsorge.

Obwohl diese Sucht als stoffungebunden gilt, liegen hier die gleichen Kriterien einer Sucht vor: starker Wunsch, verminderte Kontrollen, Entzug, Toleranzentwicklung, Vernachlässigungen von sozialen Kontakten, anhaltender Konsum trotz schädlicher Auswirkungen.

Die meisten Onlinespiele sind kostenfrei, finanzieren sich jedoch über kostenpflichtige Erweiterungen, die als Premium angeboten werden.

Pathologische Spielsucht

Die Spielsucht wird in der ICD-10-WHO *(International Statistical Classification of Diseases and Related Health Problems, 10. Revision)* unter die Abnormen Gewohnheiten und Störungen der Impulskontrolle eingeordnet. Das Hauptmerkmal ist beharrliches, wiederholtes Glücksspiel, das anhält und sich oft noch trotz negativer sozialer Konsequenzen wie Verarmung, gestörte Familienbeziehungen und Zerrüttung der persönlichen Verhältnisse steigert.

Arten von Spielen sind Roulette, Glücksspiel, Lotterien, Glücksspielautomaten, Sportwetten.

Mir wurde von Spielern berichtet, dass sie den Drang verspüren zu spielen, dass es wie ein Zwang ist, immer wieder zu spielen, um zu gewinnen, jedoch nicht um sich von dem Gewinn etwas zu leisten, sondern um den Gewinn immer wieder erneut einzusetzen. Sie halten sich meist in denselben Einrichtungen, wie z. B. Spielhallen auf. Wenn sie sich zufällig, aufgrund irgendwelcher privater oder beruflicher Aktivitäten auch nur in der Nähe einer Einrichtung aufhalten, sind sie gezwungen, dort hinzugehen und zu spielen. Irgendwie kommen sie immer an Geld. Oft sind sie bei Freunden, Kollegen und Verwandten bereits hoch verschuldet. Sie zahlen das Geld nicht zurück, sondern setzen Gewinne immer wieder ein.

Sie schämen sich zutiefst für ihr Verhalten, auch vor den Menschen, die ihnen Geld geliehen haben. Diese abhängige Verhalten kann sie sozial isolieren. In der Psychotherapie, bestenfalls stationärer Aufenthalt, erlernen sie in Gruppen- und Einzelgespräche, wie sie dauerhaft dem Drang widerstehen können.

Kaufsucht

Unter Kaufsucht versteht man einen unwiderstehlichen Drang, kaufen zu müssen, ähnlich wie bei der Spielsucht. Gekaufte Kleidung wird nicht zum Eigengebrauch genutzt, sondern stapelt sich, noch mit Etiketten versehen, zu Hause im Schrank oder in Kisten. Es beginnt oft aus einem Belohnungsverhalten heraus. Diese Sucht beginnt schleichend. Viele haben schon Jahre davor Probleme mit ihrem Kaufverhalten. Kommen noch Konflikte dazu, wird das Kaufen krankhaft. Die Betroffenen empfindet eine ähnliche Befriedigung wie ein Alkoholiker, der Alkohol trinkt. Auch Shopping kann eine Flucht vor der Realität darstellen. Auch hier können sich die Betroffenen verschulden und in eine soziale Isolation rutschen.

Verhaltensstörungen

Essstörungen

Lt. ICD-10—WHO (*International Statistical Classification of Diseases and Related Health Problems, 10. Revision)* fallen Essstörungen unter den Begriff „Verhaltensauffälligkeiten mit körperlichen Störungen und Faktoren“
Bekannt sind Magersucht (Anorexia nervosa), Ess-, Brechsucht (Bulimie) sowie Fressattacken (Binge Eating).

Magersucht
Die Magersucht ist durch einen absichtlich selbst herbeigeführten oder aufrechterhaltenen Gewichtsverlust charakterisiert. Meist sind junge Mädchen betroffen.

Kriterien sind hier: Körpergewicht unter 17,5 BMI (Body-Mass-Index = Körpergewicht : Körpergröße^2); der Gewichtsverlust ist selbst herbeigeführt, Fehlen der Menstruation (Amenorrhoe) bei Mädchen; Libidoverlust bei Jungen; Körperschemastörung (der eigene Körper wird anders wahrgenommen, z. B. wenn man sich zu dick fühlt, jedoch dünn ist); zu Beginn der Erkrankung kann es zu Entwicklungsverzögerungen bei Jugendlichen kommen.

Körperliche Folgen sind u. a: Haarausfall, rissige Haut, Herz-Kreislauf-Störungen, Obstipation (Verstopfung), niedriger Blutdruck.

Bulimie
Heißhungerattacken mit anschließendem gezielten Erbrechen. Oft sind die Betroffenen normal gewichtig. Durch das Ess-Brech-Verhalten findet eine Kontrolle des Gewichts statt.

Kriterien sind hier: Sehr große Mengen werden in kurzen Zeit konsumiert; andauernde Beschäftigung mit Essen; unwiderstehliche Gier nach Nahrungsmittel; krankhafte Furcht, dick zu werden; kompensatorisches Verhalten, das der dickmachenden Wirkung der Nahrung entgegensteuert; selbstinduziertes Erbrechen; Fasten; Einnahme von Appetitzüglern; zeitweise Hungerperioden; Leidensdruck.

Auf der körperlichen Ebene können Folgen entstehen, u. a. Krampfanfälle, vorübergehende Amenorrhoe, Herzrhythmusstörungen Niereninsuffizienz und Karies.

Fressattacken
Heißhungerattacken, bei denen die Betroffenen in kurzer Zeit ungewöhnlich viel Nahrung konsumieren und die Kontrolle über ihr Essverhalten verlieren. Dem hohen Nahrungskonsum wird nicht entgegengesteuert, anders als bei der Bulimie.

Die Betroffenen schämen sich, ekeln sich vor sich selbst, tragen sich mit Schuldgefühlen und sind deprimiert

Gefahren der Co-Abhängigkeit

Dadurch, dass der Fokus der Angehörigen auf die Suchtkranken liegt, sie sie kontrollieren und ihre Aufgaben überwiegend übernehmen, verlieren die Angehörigen sich ein Stück weit selbst. Ihre eigenen Aufgaben, bzw. ihre eigene Verantwortlichkeiten und Verpflichtungen müssen ebenso eingehalten werden, wie z. B. Job, Kindererziehung, Haushalt. Hieraus entsteht erst schleichend, dann anhaltend eine Überforderung, die kaum kompensiert werden kann, wie z. B. mit sozialen Kontakten, Urlaub, sich selbst was Gutes tun. Soziale Kontakte treten in den Hintergrund und in vielen Fällen werden sie nicht mehr wahr genommen. Sich auf irgendwas freuen findet nur noch selten statt. Hinzu kommt das manipulative Verhalten des Süchtigen und die vielen Diskussionen, sie endlich zum Aufhören zu überreden.

Hieraus entsteht nicht selten selbst eine Abhängigkeitserkrankung, oft in Form von Tabletten. Dies konnte ich aus vielen Erzählungen der Angehörigen entnehmen. Es kann eine Toleranzentwicklung bei Schlaf- und Beruhigungstabletten stattfinden, was bedeutet, dass bei regelmäßiger Einnahme die Wirkung nachlässt und die Dosis immer mehr erhöht werden muss. Bis sie selbst mit ihren daraus resultierenden körperlichen und psychischen Problemen zu kämpfen haben und ihren Aufgaben selbst nicht mehr nachkommen können.

Depressionen können sich entwickeln, auch Angst-, Ess- und Schlafstörungen, Nervosität, Anspannungen und Zwänge treten nicht selten auf. Ebenso lähmen Schuld- und Schamgefühle.

Der Weg aus der Abhängigkeit – die Behandlungsphase

Kontakt- und Motivationsphase: Einsicht und Entschluss, sich Hilfe zu holen. Kontaktaufnahme zu einer Suchtberatungsstelle. Hier wird die Motivation geklärt und es werden Kontakte zu Kliniken und Therapieeinrichtungen gestellt.

Entgiftungsphase: Entzug bei stoffgebundenen, psychotropen Substanzen, körperliche Entgiftung unter ärztlicher Aufsicht. Dauer, je nach Suchtmittel.

Entwöhnung: In stationärer oder teilstationärer Behandlung in Suchtkliniken wird mithilfe von Einzel- und Gruppentherapie das Leben, wie es zuvor gelebt wurde, wieder erlernt. Ebenso wird gelernt, Rückfällen entgegenzuwirken.

Nachsorge: Berufliche Wiedereingliederung mithilfe von Arbeitsämtern und Arbeitgebern, Teilnahme an Selbsthilfegruppen, ambulante Therapien.

Aufgabe der Angehörigen während der Behandlungsphase
Wenn Angehörige die Behandlungsphase begleiten, kann dies die Motivation der Suchtkranken erhöhen. Angehörige dürfen jedoch keinen Druck ausüben und sollten die Co-Abhängigkeit abgelegt haben. Die Suchtkranken sollten die Behandlungsphase selbständig durchlaufen.

Selbsthilfegruppen
Angehörige: Al-Anon-Gruppen
Alkoholiker: Anonyme Alkoholiker (AA)
Drogenabhängige: Narcotics Anonymus (NA)
Spieler: Anonyme Spieler (GA)
Erwachsene Kinder von Alkoholikern: (EKA)
Kinder und Jugendliche, die in einem alkoholkranken Umfeld leben: Alateen

Zahlen lt. Gesundheitsministerium von 2019
Ca. 1,8 Mio. Menschen in Deutschland gelten als Alkoholabhängig, 9,5 Mio. Menschen in Deutschland konsumieren Alkohol in riskanter Form. Die volkswirtschaftlichen Kosten durch Alkohol betragen in Deutschland 26,7 Milliarden Euro im Jahr.

Ca. 2,3 Mio. Menschen in Deutschland sind von Medikamenten abhängig.

Ca. 500.000 Menschen in Deutschland zeigen ein problematisches oder sogar ein pathologisches Glücksspielverhalten auf.

Ca. 600.000 Menschen in Deutschland weisen einen problematischen Konsum mit Cannabis oder anderen illegalen Drogen auf.

Ca. 560.000 Menschen in Deutschland sind onlineabhängig.

Geht man nur von diesen Zahlen aus, andere Suchtzahlen außer Acht gelassen, ist dies schon beachtlich, zumal die Dunkelziffer weitaus höher ist.

Wenn man bedenkt, wie viele Familienmitglieder im Umfeld eines Suchtkranken leben und Freunde, Nachbarn, Kollegen noch dazu zählt, könnte man von mindestens 5 Angehörigen – eher aufwärts - ausgehen.

Eine genaue, bzw. Durchschnittszahl konnte ich nicht in Erfahrung bringen. In Anbetracht, dass Deutschland, lt. Wikipedia von 2018, 82,79 Mio. Einwohner hat, kann man von einer beträchtlich hohen Anzahl von Angehörigen ausgehen.

Printed by Books on Demand GmbH, Norderstedt / Germany